Helge Schmickl
Bettina Malle

Schnapsbrennen als Hobby

Bibliografische Information der Deutschen Nationalbibliothek

Die Deutsche Nationalbibliothek verzeichnet diese Publikation in der Deutschen Nationalbibliografie; detaillierte bibliografische Angaben sind im Internet unter http://dnb.d-nb.de abrufbar.

Unsere Bücher werden nach höchsten Ansprüchen an Nachhaltigkeit und Ökologie produziert und wir optimieren ständig weiter:

- Papiere und Pappen sind FSC® oder PEFC™ zertifiziert
- Druckfarben auf Pflanzenölbasis
- Druckplattenbelichtung komplett chemiefrei
- Klebstoffe lösungsmittelfrei
- 100% Öko-Strom bei Druck und Bindung
- Müllvermeidung und Recycling bei der Produktion
- kurze Wege, gedruckt in Deutschland

ISBN 978-3-947021-33-8

17. Auflage 2023

Königstr. 43, 26180 Rastede
E-Mail: verlag@oekobuch.de
http://www.oekobuch.de

Druck: Grafisches Centrum Cuno, Calbe

FSC
www.fsc.org
MIX
Papier aus verantwortungsvollen Quellen
FSC® C043106

Titelfoto und Fotos sowie andere Abbildungen: Bettina Malle und Helge Schmickl

Helge Schmickl
Bettina Malle

Schnapsbrennen als Hobby

ökobuch

Inhaltsverzeichnis

Vorwort

Mein Vater – ein begeisterter Schnapsbrenner – hat mir dieses Hobby anscheinend schon in die Wiege gelegt. Als kleiner Junge konnte ich die bunten, brodelnden Flüssigkeiten beobachten, und wie sich anschließend meine Eltern und deren Bekannte daran erfreuten. Erst viele Jahre später merkte ich, was daran so interessant ist, aber darüber wissen Sie wahrscheinlich selbst Bescheid. Vielleicht war das auch der Grund, warum ich mich für ein Chemiestudium entschied? Jedenfalls scheint dieses Hobby ansteckend zu sein, da ich auch meine langjährige Partnerin und Studienkollegin Bettina dafür begeistern konnte.

Im Rahmen unserer Schnapsbrennseminare haben wir sehr viel Kontakt mit Hobbybrennern und deren Wünschen und Problemen. Dies hat uns dazu bewogen, dieses Buch zu schreiben und diese Bedürfnisse abzudecken. Es wurden die neuesten Erkenntnisse eingebracht, die wir vor allem aus unserem Studium der technischen Chemie „entwendet" haben. Es ist ein Praxishandbuch und soll nicht jede Menge Theorie und Fakten beinhalten, sondern Ihnen zeigen, wie man es tatsächlich macht.

Bedanken möchten wir uns bei den Seminarteilnehmern und Besuchern unserer Homepage, die durch zahlreiche Tipps und Anregungen sehr viel zu diesem Buch beigetragen haben.

Das Buch ist so aufgebaut, dass Sie – nach einem kurzen Einblick in die Tradition des Schnapsbrennens sowie einigen Grundlagenerklärungen – zuerst die Herstellung einer Maische kennen lernen. Es beginnt mit der einfachsten Stufe, wobei Obst auf „natürliche" Weise vergoren wird. Durch weitere Zusatzstoffe und Behandlungsmethoden kann diese einfache Maische veredelt und die Ausbeute stark erhöht werden. Aus der Maische können Sie nicht nur Edeldestillate, sondern auch köstliche Fruchtweine erzeugen.

Das nächste Kapitel befasst sich mit Brennanlagen. Wenn Sie sich mit dem Kauf einer Anlage beschäftigen, sollen Ihnen wichtige Richtlinien zeigen, worauf beim

Kauf zu achten ist, um nicht nachträglich zu bemerken, dass die Anlage eigentlich gar nicht richtig funktioniert bzw. konstruiert ist. Außerdem wird die Funktionsweise und der richtige Umgang mit Brennanlagen erläutert.

Danach wird der Brennvorgang beschrieben. Hier lesen Sie, wie der Vorlauf, Edelbrand und Nachlauf abzutrennen sind, um wirklich ein gutes Destillat zu erzeugen. Weiterhin werden Sie sehen, dass es nicht unbedingt notwendig ist, zweifach zu destillieren. Außerdem befassen wir uns mit dem Verdünnen des Edelbrandes, um auch ein trinkfähiges Produkt zu erhalten. Nachdem Sie in die „Kunst" des Brennens eingeweiht sind, stellen wir Ihnen im nächsten Kapitel verschiedene Rezepte für Obstler, Grappa & Co. vor. Basierend auf einem Grundrezept laden wir Sie zum Nachmachen und Experimentieren ein.

Aber es muss nicht immer Maische sein, um Schnaps herzustellen: die beiden nachfolgenden Kapitel befassen sich mit der Herstellung von Angesetzten und Geisten. Dies sind sehr einfache Methoden und Sie werden mit Sicherheit über das ausgezeichnete Ergebnis erstaunt sein, und von den zahlreichen Rezepten werden Sie einige sofort ausprobieren wollen.

Unter „Ätherische Öle" ist die Herstellung von Aromaölen, wie sie für Duftlampen oder Cremes, Parfums etc. verwendet werden, beschrieben. Dieses Verfahren ist viel einfacher, als man vermuten würde!

Zum Abschluss noch ein paar Worte zur Trinkkultur im In- und Ausland, inkl. dem richtigen Abfüllen und Etikettieren sowie zur rechtlichen Situation. Häufig an uns gestellte Fragen, und natürlich die Antworten, beenden dieses Buch.

Wir wünschen Ihnen viel Erfolg beim Ausprobieren!

Dr. Bettina Malle & Dr. Helge Schmickl

www.schnapsbrennen.at

Kapitel 1

Tradition des Brennens und Grundlagen

Die Entdeckung der Alkoholherstellung liegt etwa 5.000 Jahre zurück. Genau ist der Zeitpunkt nicht nachvollziehbar, da sich die Historie im Halbdunkel der Vorzeit verliert. Aber zu diesem Zeitpunkt ist belegt, dass die Ägypter mehr als 28 Sorten Wein kannten, zumeist aus Trauben und Datteln. Ebenso brauten sie Bier aus Hirse und Weizen. Weiterhin wurden Honig und Hanfblätter vergoren und zu berauschenden Getränken verarbeitet, auch Essig wurde bereits hergestellt. Die Destillation war zu diesem Zeitpunkt nachweislich jedoch noch nicht erfunden.

Es wird vermutet, dass 800 v. Chr. in Indien das erste Mal Arrak (Branntwein aus Reis oder Melasse) destilliert wurde. Aristoteles, der Arzt und Naturforscher, beschrieb im 4. Jahrhundert v. Chr. erstmals das physikalische Prinzip der Destillation. Er erklärte den Vorgang der Meerwasserdestillation zu Trinkwasser. Seeleute kochten zu dieser Zeit Meerwasser auf ihrem Schiff: In ein offenes Gefäß wurden Schwämme oder Wolle hineingehängt. Drückte man diese aus, so kam Süßwasser heraus. Die praktische Anwendung der Alkoholdestillation erfolgte in Europa noch nicht.

In China, Indien und Persien wurden, vermutlich um Christi Geburt, bereits ätherische Öle durch Destillation hergestellt. Erfindungsreich waren auch die Tartarenvölker in der Mongolei und der Wüste Gobi: Sie vergoren Stutenmilch in Lederschläuchen, daraus wurde dann Milchbranntwein destilliert. In Rom trank Plinius gerne heißen Wein, aber das war wohl eher der Vorläufer unseres heutigen Glühweins. Es gibt aus dieser Zeit leider keine genauen Beschreibungen, denn auf Befehl Kaiser

▲ Die Kunst zu destillieren

Diokletians wurden alle Aufzeichnungen über die Alkoholdestillation vernichtet.

Als 700 n. Chr. die Araber Spanien eroberten und viele Schulen und Universitäten gründeten, brachten sie auch die Destillation nach Europa, denn sie hatten bereits den Destillierkolben und den Weingeist, der durch Destillation gewonnen wurde, erfunden. Die Araber benutzten den Alkohol als Lösemittel für kosmetische Zwecke und nannten ihn Al-co-hue, was soviel wie „feingemahlenes Glanzpulver für Augenschminke" bedeutet. Eine interessante Technik wendeten die Russen und Polen an: Durch Gefrieren trennten sie Alkohol und Wasser!

Bald danach hielt das „brennende Wasser" oder „aqua ardens" auch in den christlichen Klöstern Einzug, und es entstanden aus Kräutern und Alkohol die ersten Kräuterliköre. Schließlich verhalfen der Franziskaner Ramon Lull und der Alchimist und Arzt Arnaud de Villeneuve 1280 dem brennenden Wasser in Europa zum Durchbruch. Sie sahen in der Vereinigung aus Wasser (Wein) und Feuer den Stein der Weisen. Im 14. Jahrhundert wurden nachweislich Pestkranke mit Wacholderdestillaten behandelt.

Eines der ersten Fachbücher war das „Buch des Destillierens" von Hieronymus. Dieses Buch enthält auch eine Vielzahl von Abbildungen von historischem Wert sowie unzählige Rezepturen.

Von der Kunst zu Destilliren.

Mancherley Kühlungen.

Andere ziehen eine grosse Rindsblase über den Helm, binden sie unten wohl darum am Hals des Alembicks, füllen sie voll Wasser, lassen es auch, wenn es zu warm ist, mit einem angebundenen Zäpflein ab, wie du hieneben siehest.

Die Kühlungen alle dienen wohl, wo man zarte und reine Simplicia, als von Blumen, Kräutern, Wurzeln, Früchten, &c. oder vermischte Sachen, als Krafft-Wasser, Aqua vitæ, und Scheidung der Quintæ essentiæ und dergleichen abziehen will.

Serpentinen.

Es sollen auch die Spiritus des Weins von der unmässigen Hitze u. Erbrennung solcher Geister abgezogen werden. Darzu dann die gemeine Weinbrenner mancherley kupfferne Röhrlein, wegen ihrer Krümmung Serpentinen genannt, im Brauch haben, in die Wassergeschirr zum Abkühlen einzulegen, so wie du folgends etliche nacheinander siehest.

▲ Antikdestille, aus H. Brunschwick, Destillierbuch, Straßburg 1507

Paracelsus schließlich gab im 16. Jahrhundert dem brennenden Wasser seinen endgültigen Namen – Alkohol – und schrieb ein ausführliches Buch über die Destillation. Die Entwicklungen nahmen rasant zu, und es entstand das moderne Brennereiwesen, wie wir es heute kennen mit Produkten wie schottischem Whisky, Benedictiner Kräuterlikör, Calvados, Wodka, irischer Whiskey, Eau de vie, Genever, Cognac.

Bis in die 70er und 80er Jahre des vorherigen Jahrhunderts hatte Schnaps eher einen schlechten Ruf. Es handelte sich überwiegend um einen Hochprozentigen, den man in den Tee geben konnte, das war es. Dies war aber auch auf die in dieser Zeit üblichen Brennmethoden zurückzuführen. Vor allem im ländlichen Raum wurde überwiegend Obst verarbeitet, für das es sonst keine Verwendung gab

◄ Paracelsus

bzw. das nicht mehr ganz frisch war. Dies führte zwangsläufig zu einer geringeren Qualität. In den letzten 15 bis 20 Jahren ist hier jedoch eine deutliche Trendwende erkennbar. In vielen Brennereien wird auf Qualität gesetzt, sowohl beim Obst als auch beim Destillieren selbst. Denn nur höchste Qualität kann auch ein Edeldestillat hervorbringen. Mittlerweile ist ein Schnaps wieder salonfähig und in den besten und teuersten Gastronomien erhältlich.

Schnaps, Spirituose, Destillat…

Bevor wir uns nun der konkreten Schnapsherstellung widmen, noch ein kurzer Exkurs, um Sie mit den Grundbegriffen vertraut zu machen.

Die Begriffe Schnaps, Spirituose, Destillat usw. sind allgemeine Bezeichnungen für hochprozentige alkoholische Getränke, welche uns aber noch keinerlei Auskunft über die Herstellung geben.

Die wichtigste Produktionsart ist das Maischeverfahren. Dabei wird Obst vergoren, wobei Alkohol entsteht. Destillierte Maische bezeichnet man als Brand (Obstbrand). Diese Art ist die Einzige, bei der Alkohol erzeugt wird, bei allen anderen Verfahren wird auf bestehenden Alkohol zurückgegriffen.

Destillieren ist ein Begriff, der uns im Folgenden häufiger begegnet. Hierbei wird eine Flüssigkeit bzw. ein Flüssigkeitsgemisch erhitzt und zum Kochen (Sieden) gebracht, dabei entsteht Dampf. Dieser wird durch eine Kühlung geleitet, dadurch wird aus dem Dampf wieder eine Flüssigkeit. Der Zweck des Destillierens besteht darin, dass bei Gemischen (z.B. Alkohol-Wasser) die Flüssigkeit mit der niedrigeren Siedetemperatur (Alkohol) aufkonzentriert wird. Das heißt, aus einer Maische mit geringem Alkoholgehalt wird – durch das Destillieren – ein Schnaps mit hohem Alkoholgehalt. Ein anderer geläufiger Name für das Destillieren von Alkohol ist Brennen.

Bei einem Angesetzten werden Früchte, Kräuter usw. in geschmacklosen Alkohol eingelegt. Dieses Produkt kann anschließend noch destilliert werden; dies ist aber nicht immer notwendig.

Schließlich gibt es die Geistherstellung. Bei dieser Herstellungsweise werden die Kräuter oder Früchte in den Dampfraum der Brennanlage gegeben. Wird nun geschmackloser Alkohol destilliert, so nimmt dieser das Aroma der Früchte oder Kräuter mit. Auch hier entsteht kein neuer Alkohol.

Wichtig ist noch zu erwähnen, dass einem Schnaps *niemals* Zucker zugegeben wird. Gesüßte Spirituosen sind Liköre. Vielfach werden bei diesen auch Milchprodukte zugemischt, wodurch die meist cremige Konsistenz entsteht.

Übersicht der ▼ verschiedenen Herstellungsarten

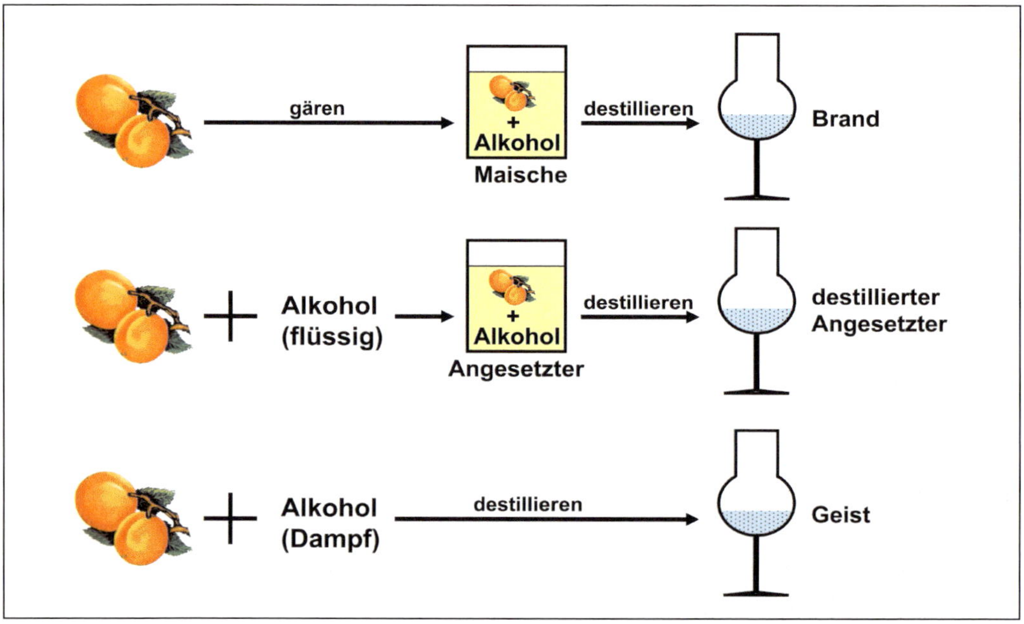

Kapitel 2 Maische

Die Herstellung einer Maische ist die Grundlage, um selbst Alkohol zu erzeugen. Was bei diesem Vorgang genau passiert und wie das auf höchster Qualität für den Hobbybrenner machbar ist, werden wir im folgenden Kapitel ausführlich erklären.

Wie entsteht Alkohol?

Ein Ausflug in die Chemie

R-OH

Unter Alkohol versteht man in der Chemie ein Molekül, das zumindest eine Sauerstoff-Wasserstoff-Gruppe (OH-Gruppe) hat. Zur *Klasse der Alkohole* gehört somit jede Verbindung, die diese Gruppe enthält, wie z.B. alle Zuckerarten oder Glyzerin. In der Formel bezeichnet R einen organischen Rest, wie z.B. Propyl- oder Buthylalkohol.

CH_3-CH_2-OH

Wenn über Alkohol ohne nähere Bezeichnung gesprochen wird, so ist im Allgemeinen immer der so genannte Trinkalkohol gemeint. Chemisch wird dieser *Ethylalkohol* oder *Ethanol* genannt, weil sich dieser aus einer Ethyl- und einer OH-Gruppe zusammensetzt. Die Ethylgruppe enthält zwei Kohlenstoff- (C) und fünf Wasserstoffatome (H): CH_3-CH_2-OH.

Ethanol hat einen Siedepunkt von 78,5 °C, d.h. bei dieser Temperatur siedet (kocht) der flüssige Alkohol und wird dampfförmig. Beim *Destillieren* wird der Dampf wieder abgekühlt (kondensiert), so dass der Alkohol wieder in flüssiger Form vorliegt.

CH_3-OH

Ein weiterer bekannter, aber nicht so beliebter Alkohol ist Methylalkohol oder Methanol: CH_3-OH.

Methylalkohol hat einen Siedepunkt von 64,7 °C, ist stark gesundheitsgefährdend und kann als Nebenprodukt beim Vergären entstehen, z.B. wenn viele holzige Bestandteile wie Stängel, Blätter o.ä. in der Maische enthalten sind.

Methanol ist nicht zu Verwechseln mit Vorlauf (siehe Kap. 4). Hat sich in der Maische Methanol gebildet, kann dieser rein destillativ, ohne spezielle Apparaturen, nicht mehr abgetrennt werden.

Der Gärprozess

Obst, Beeren oder Kräuter, die Grundsubstanzen einer Maische, bestehen aus folgenden Komponenten:

- Wasser + Zucker
- Geschmacksstoffe, Aromen (ätherische Öle)
- Vitamine, Spurenelemente
- Feste, holzige Bestandteile (Kerne, Schalen)

Wasser + Zucker

Wie kann aus Obst Alkohol entstehen? Ganz einfach: mit Hefe! Sie frißt den Zucker auf und scheidet anschließend Alkohol aus. Diesen Prozeß nennt man „Gärung“.

Das funktioniert jedoch nicht mit festem, kristallinen Zucker oder mit festen Fruchtstücken, daher muß für eine optimale Gärung das Obst zu einem Brei verarbeitet werden. Wenn das Fruchtwasser vom Obst dafür nicht ausreicht oder bei Kräutern, Wurzeln und Blüten muß daher Wasser zugegeben werden.

Hefepilze kommen frei in der Natur vor (auf dem Obst), daher kann ein Obstbrei, der ein paar Tage stehen gelassen wird, auch von selbst zu gären beginnen (Wildgärung). Das kann, muß aber nicht passieren, weil neben der Wildhefe noch viele andere Mikroorganismen (z.B. Fäulnis, Schimmel usw.) vorhanden sind, die ebenfalls den Brei zersetzen können. Nur die Hefe produziert jedoch Ethanol, andere erzeugen Buttersäure, Essigsäure, Methanol, Butanol, Propanol, Acetaldehyd, Ethylacetat, Aceton usw. Diese Substanzen sind zum Teil starke Gifte, es ist also notwendig, sich auf den Hefepilz zu beschränken, damit nur der gewünschte

Ethylalkohol entsteht. Da bei einer Wildgärung die Entstehung dieser Gifte nie verhindert werden kann, sollte man den Obstbrei immer mit Reinzuchthefe animpfen.

Die Gärungsgleichung verdeutlicht die Entstehung von Ethanol aus Zucker (hier Fruchtzucker bzw. Fructose):

$C_6H_{12}O_6$	$\xrightarrow{\text{Hefe}}$	$2\ C_2H_5OH$	$+\ 2\ CO_2$	+ 88 kJ/mol
Fructose	$\xrightarrow{\text{Hefe}}$	Ethanol	+ Kohlendioxid	+ Wärme
1000 g	$\xrightarrow{\text{Hefe}}$	511 g	+ 489 g	+ 488 kJoule

Der Zucker wird durch die Hefe in Ethanol und Kohlendioxid (CO_2) zersetzt, dabei entsteht Wärme. Das CO_2 ist auch der Grund, warum es im Maischefass wie bei einem Sekt schäumt und blubbert. Daher darf das Fass auch nie dicht verschlossen werden, es würde platzen!

Sehen Sie sich das Mengenverhältnis Zucker (Fructose) zu Ethanol an. Aus 1 kg Zucker entstehen 511g Ethanol, das ist doch eine beachtliche Menge, besonders wenn man bedenkt, dass es sich hier um hundertprozentiges Ethanol handelt. Wird dieser rechnerisch auf Trinkstärke (43 %vol) verdünnt, entspricht 1 kg Fructose 1,49 Liter Alkohol! Als Nebeneffekt wird bei der Vergärung auch Wärme frei, nämlich 488 kJoule.

Geschmacksstoffe, Aromen

Manchmal wird tatsächlich behauptet, dass der Zucker im Obst anders schmeckt als „normaler" Zucker und dass aus Früchten, im Gegensatz zu einer puren Wasser-Zucker-Lösung, ein „besserer" Alkohol entsteht. Das ist schlichtweg falsch. Beide Zuckerarten, die Fructose (= Fruchtzucker, ist in den meisten Obstsorten enthalten) und Saccharose (= Rohr- oder Rübenzucker, also der „normale" Haushaltszucker) sind weiße, kristalline, vollkommen geschmacksneutrale Substanzen. In Reinform schmeckt somit sowohl der „normale" Zucker als auch der Fruchtzucker nur süß, aber sonst nach nichts. Auch für die Hefe gibt es keinen Unterschied. Beide Zuckerarten werden zur gleichen Substanz, nämlich Ethanol, abgebaut, es gibt keinen „besseren“ oder „schlechteren“ Ethanol.

Unabhängig vom Zucker sind im Obst Geschmackstoffe und Aromen (bei Kräutern, Wurzeln usw. auch ätherische Öle) enthalten, die beim Vermaischen und Destillieren in den Schnaps übertragen werden können. Die Kunst des Einmaischens und anschließenden Schnapsbrennens besteht nun darin, dass möglichst viele dieser Substanzen im Schnaps geschmacklich und geruchlich wiederzufinden sind und nicht „verloren gehen“. Dies kann z.B. der Fall sein, wenn leicht flüchtige Aromen beim Gären mit dem CO_2 ausgeblasen werden oder wenn die Aromastoffe wegen einer falschen Brenntechnik im Kessel zurückbleiben.

Vitamine, Spurenelemente

Wenn diese Substanzen der Hefe nicht im ausreichenden Maß zu Verfügung stehen, kann es zu Mangelerscheinungen kommen, eine geringere Ausbeute und unerwünschte Nebenprodukte sind die Folge. Um dies vorzubeugen, sollten der Maische daher immer sogenannte „Hefenährsalze“ zugesetzt werden. Üblicherweise enthalten diese Diammoniumphosphat, Ammoniumsulfat, Spurenelemente und Vitamin B1. Dosierung: ca. 15 g je 100 l Fruchtmaische. Als Notlösung, falls nichts anderes zur Hand ist, kann auch Malzextrakt und Zitronensaft zugegeben werden.

Feste, holzige Bestandteile

Daraus entsteht u.a. Methanol. Äste, Blätter usw. haben in der Maische also nichts verloren, ebenso soll man holzige oder pelzige Schalen wie bei Granatäpfeln oder Kiwis entfernen. Kerne sind nur im Übermaß problematisch, Kernobst (Apfel, Birne usw.) muß daher weder entkernt noch geschält werden.

Geschmacklich macht sich ein hoher Methanolgehalt durch eine unangenehme Schärfe im Schnaps bemerkbar. Daher schmeckt ein Tresterbrand in Vergleich zu anderen Bränden auch auffallend scharf. Trester ist der Preßrückstand der Weinherstellung und besteht nur aus zerquetschten Kernen und Häuten der Weintrauben.

Welches Obst kann zum Einmaischen verwendet werden?

▲ Kirschen

Prinzipiell können alle Obstsorten, Beeren und Wurzeln, soweit nicht giftig, vergoren werden. Die folgende Liste sollte Ihnen einen kurzen Überblick über die gängigsten und beliebtesten Grundsubstanzen für die Herstellung einer Maische geben:

- Birnen
- Äpfel
- Zwetschen
- Marillen
- Kirschen
- Quitten
- Himbeeren
- Johannisbeeren
- Holunderblüten
- schwarzer Holunder

Vorbereitung des Obstes

Bei der Zubereitung der Maische müssen Sie mit größter Sauberkeit und Genauigkeit arbeiten. Die Maische ist nämlich das Fundament für das Destillat. Arbeiten Sie ungenau und nicht sauber genug, kann der Fehler nachträglich nicht mehr behoben werden, auch eine noch so teure und hoch professionelle Anlage kann aus einer schlechten Maische keinen guten Schnaps mehr machen.

Nach der Ernte sollten Sie Ihr Obst so schnell wie möglich verarbeiten, am besten am selben Tag. Ist das nicht möglich, können Sie es einfrieren. Das ist die einzige Möglichkeit, um reifes Obst frisch zu halten, andernfalls wird es unwiderruflich zu schimmeln bzw. faulen beginnen. Verwenden Sie vorzugsweise vollreifes „weiches" Obst, da dieses den maximalen Aromagehalt aufweist.

Merke:
Was ist der Unterschied zwischen Kern- und Steinobst? Steinobst hat immer einen einzigen harten Kern, also Stein, wie die Kirsche. Kernobst hingegen hat mehrere kleine weiche Kerne wie Apfel oder Birne.

Der erste Schritt bei der Maischevorbereitung ist das sorgfältige Waschen des Obstes. Auf diesen Schritt dürfen Sie nur in Ausnahmefällen verzichten, wie z.B. bei Holunderblüten. Beim Waschen würden die kleinen Blüten und der Blütenstaub abfallen, daher sollten Sie diese abseits von großen Straßen pflücken, am besten einen Tag nach einem Regen.

Eine weitere Ausnahme sind rote Johannisbeeren, wenn sie ohne Stiele gepflückt werden. Beim Waschen rinnt ein großer Teil des Saftes aus den Früchten heraus, das sollten Sie natürlich vermeiden. Also, die Johannisbeeren mit den Stielen pflücken und anschließend waschen oder nach einem Regen saubere Beeren ohne Stiele pflücken.

▲ Faules Obst wie hier keinesfalls verwenden.

Während oder nach dem Waschen müssen Sie die Früchte von Stängeln, Blättern und faulen Stellen befreien. Sollten ganz faule Früchte dabei sein, werfen Sie diese weg. Früher war es üblich, dass verschimmeltes Fallobst bzw. „nicht so schöne“ (also in Wirklichkeit faule) Früchte eingemaischt und daraus dann Schnaps hergestellt wurde. Dieser Tradition dürfen Sie keinesfalls folgen! Faule Früchte, Stängel und andere Verunreinigungen sind verantwortlich für die Entstehung von giftigem Vorlauf. Die Fäulnisbakterien fressen zwar auch den Zucker, es entsteht jedoch nicht Ethanol wie bei der Hefe, sondern die zuvor beschriebenen, zum Teil giftigen organischen Lösemittel, welche sich teilweise im Vorlauf ansammeln, aber dazu später mehr in Kapitel 4. Wenn Sie sauber arbeiten, halten Sie dieses Problem äußerst gering.

Nachdem das Obst nun gesäubert ist, müssen Sie es zerkleinern, um die Vergärung zu erleichtern. Vorsicht bei Steinobst wie Pflaumen, Zwetschen, Kriechen, Aprikosen, Kirschen usw.! Die Kerne (Steine) dürfen *keinesfalls* beschädigt werden, weil sonst Amygdalin frei wird, aus diesem entsteht die giftige Blausäure! Aus diesem Grund müssen z.B. bei Pfirsich oder Nektarine die Steine vor dem Einmaischen entfernt werden, da diese relativ leicht zerfallen können. Aprikosen (Marillen) sollten aus geschmacklichen Gründen ohne Steine eingemaischt werden (siehe Kap. 5). Bei allen anderen Steinobst-Sorten die unbeschädigten Steine unbedingt in der Maische belassen und ca.

Zubereitung des Obstes

Fruchtbrei	► Obst säubern, waschen, Stängel und faule Stellen entfernen, ► zu Brei verarbeiten, darauf achten, dass beim Steinobst keine Kerne zerstört werden.

10 % davon beim Brennen in den Kessel geben, da es sonst zu Geschmacksbeeinträchtigungen kommt.

Ob eine Maische Blausäure, Cyanide oder Carbamate enthält, kann mit, im Fachhandel erhältlichen, Test-Sets überprüft werden (Cyan-EC-Test oder Quantofix-Test „Cyanid"). Untersuchungen haben gezeigt, dass nur Steinobst-Destillate, die aus Maischen mit zerstörten Steinen hergestellt wurden, Cyanide in nachweisbarer Konzentration enthalten. Bei Bränden aus Maischen mit unbeschädigten Steinen, egal ob hochgradig oder herkömmlich vergoren, ist weder Blausäure noch Cyanid nachweisbar gewesen.

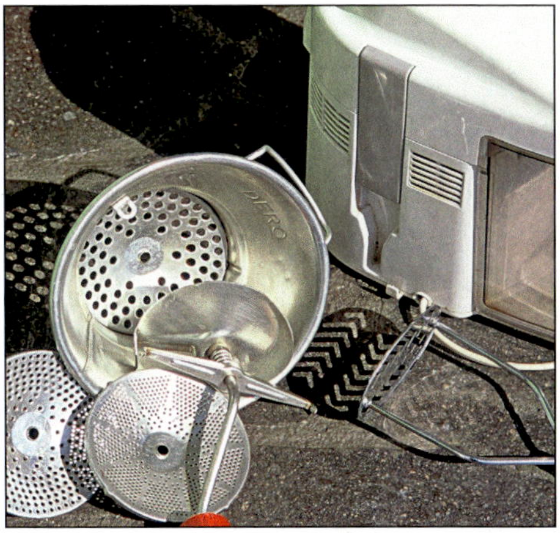

▲ Flotte Lotte, Kartoffelstampfer, Entsafter

Zum Zerkleinern gibt es unterschiedliche Möglichkeiten:

► *Flotte Lotte, Kartoffelstampfer:* wenn es sich um eine geringe Menge und weiche Beeren handelt, hat sich diese Methode gut bewährt.

► *Entsafter:* ideal für harte Knollen, Kartoffeln, Quitten oder Karotten, allerdings nur für kleinere Mengen

► *Gartenhäcksler, Obstmühlen:* eignen sich, um größere Mengen an Äpfeln, Birnen und vor allem Quitten zu zerkleinern, allerdings *nicht* für Steinobst. Die Steine würden damit zerstört werden. Den Häcksler vorher gründlich reinigen, so dass keine Holzreste vom vorherigen Gebrauch in die Maische gelangen.

▲ Häcksler

► *Gummistiefel + große Wanne:* Diese Methode hat sich für uns als am besten erwiesen. Das Obst kommt 10–15 cm hoch in eine Plastikwanne und mit sauberen (!) Gummistiefeln wird auf das Obst eingestampft (so tun Sie sogar etwas für Ihre Fitness!). Mit dieser Methode werden bei Zwetschen, Kriechen oder Kirschen keine Kerne zerstört und dennoch können ausreichende Mengen verarbeitet werden (ca. 80 Liter Brei in einer Stunde). Inzwischen zerstampfen wir auch Birnen und Äpfel auf diese Weise, weil es am einfachsten für Ansätze bis ca. 50 Liter ist.

▼ Die Gummistiefel-Methode

► *Rühraufsatz für Bohrmaschinen:* Damit läßt sich weiches Steinobst (Kirschen, Kriechen usw.) am effektivsten

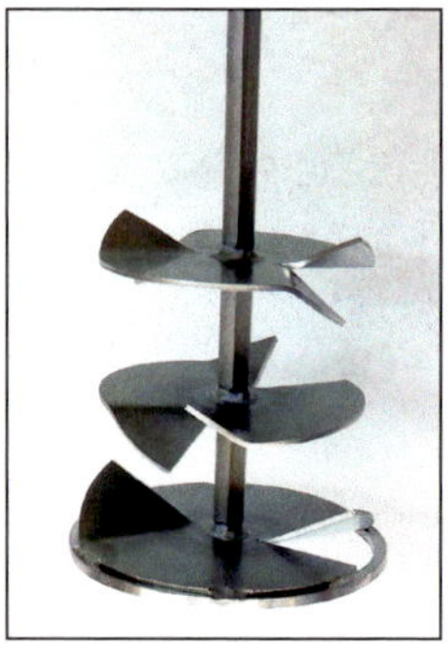

▲ Zerkleinerer für Stein- und Beerenobst

verarbeiten, die harten Steine bleiben dabei ganz. Eignet sich auch für Holunderbeeren, die weichen Stängel verwickeln sich um den Rühraufsatz und können so mühelos entfernt werden. Weinbeeren (Weintrauben ohne Kamm) rutschen unterhalb der Stiefelsohle immer weg und können daher so nicht zermatscht werden. Mit dem Rühraufsatz funktioniert dies jedoch sehr effektiv und problemlos, damit erübrigt sich auch eine Fruchtpresse. Im Fachhandel sind spezielle Zerkleinerer-Rühraufsätze erhältlich, die sich für diesen Zweck am besten eignen.

Egal, welche Methode Sie bevorzugen oder eventuell auch andere Ideen haben, wichtig ist nur, dass das Fruchtfleisch weitgehend zu einem Brei verarbeitet wird und, wie bereits erwähnt, bei Steinobst die Kerne keinesfalls beschädigt werden.

Gärbehälter

Als Gärbehälter können Sie alle Gefäße aus Kunststoff, Glas, Edelstahl oder anderen lebensmittelechten Materialien verwenden, welche eine große Öffnung zum Einfüllen und natürlich wieder zum Entnehmen der Maische haben. Der Behälter soll auf alle Fälle eine dichte Verschlussmöglichkeit aufweisen. In manchen Regionen sind zur Erntezeit Maischefässer bzw. Mostfässer auch in Baumärkten erhältlich, oft sogar mit Gärspund. Übliche Größen sind 25-, 30-, 60-, 100-, 120- und 200-Liter-Fässer.

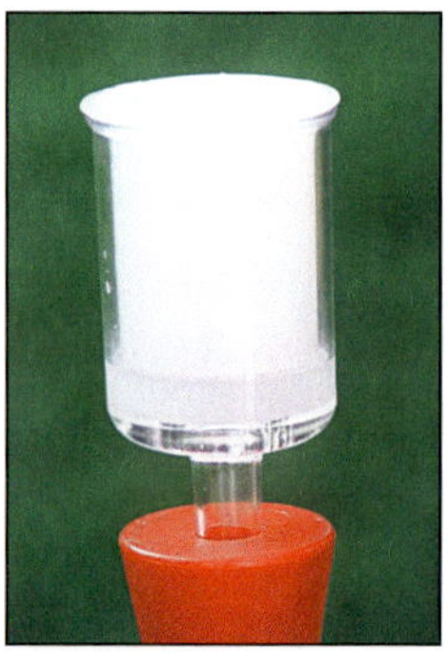

▲ Stopfen und Gärspund

Außer dem dicht verschließbaren Gefäß brauchen Sie einen Stopfen mit Bohrung und einen Gärspund. Sie bringen am Behälterdeckel des Fasses eine Bohrung an, so dass der Stopfen genau hineinpasst, und stecken den Gärspund in den Stopfen.

Wozu dient der Gärspund? Wie bereits beim Gärprozess erklärt, entsteht Kohlendioxidgas (CO_2). Dieses muss aus dem Fass entweichen können, da es sonst platzt. Verunreinigungen sollten aber keine hinzukommen, da ansonsten aus Fehlgärungen beispielsweise Essig entsteht. Besonders erwähnenswert sind hier die so genannten Obst- oder Es-

▲ Verschiedene Maischebehälter

Tipp

Sollten Sie keinen Gärspund haben, so können Sie auch ein kurzes Kunststoffrohr verwenden, welches Sie mit Watte zustopfen. Es fehlt zwar die Wasserbarriere, dennoch ist dieser Schutz besser als nichts. Oder Sie basteln sich selbst einen Gärspund aus zwei unterschiedlich großen Joghurtbechern und einem Stück festen PVC-Schlauch, gemäß der Abbildung „Prinzip des Gärspundes“.

sigfliegen. Sie haben sicher schon bemerkt, dass im Sommer, wenn Sie Obst in der Küche mehrere Tage stehen lassen, plötzlich kleine Insekten auftauchen. An diesen Obstfliegen haften Bakterien, die Essig erzeugen. Wenn diese Fliegen und somit die Bakterien in die Maische gelangen, entsteht vielleicht ein schlechter Obstessig, aber schließlich wollten Sie ja Alkohol herstellen. Die Essigfliegen scheinen die Maische kilometerweit zu riechen, jedenfalls haben wir noch nie einen Gärvorgang erlebt, bei dem nicht auch diese Fliegen anwesend gewesen wären. Daher ist ein Gärspund ein sehr effektiver Schutz gegen Essigbildung.

Der Gärspund wird bis zu einem markierten Niveau mit Wasser gefüllt. Entsteht nun im Fass ein leichter Überdruck, so blubbert das Gas durch die Wasserbarriere durch und der Überdruck baut sich ab. Umgekehrt kann dabei durch

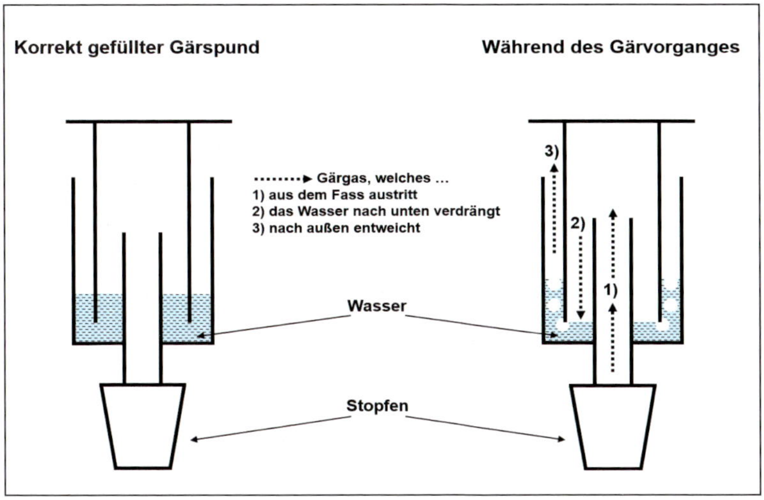

◄ Das Prinzip des Gärspundes

Hinweis: Da die Gärgeschwindigkeit im Lauf der Zeit immer mehr abnimmt, ist es vollkommen normal, wenn es im Gärspund nach einigen Tagen nicht mehr so stark blubbert.

den Gärspund keine Luft in den Gärbehälter eindringen, die Maische wird so vor Fremdbakterien geschützt.

Bis auf den Gärspund sollte das Fass auf alle Fälle dicht sein, also zwischen Deckel und Fass eine Dichtung haben. Wenn das Gärgas durch die Ritzen ausströmt, gelangen zwar keine Fehlbakterien in das Fass, aber der Gärspund würde eine sehr wichtige Funktion nicht mehr ausführen können, nämlich die Kontrolle, ob die Gärung ordnungsgemäß abläuft. Man braucht nur darauf zu achten, ob der Gärspund noch blubbert oder nicht. Wenn ja, ist die Gärung in Ordnung.

Wasserzusatz

Füllen Sie den Fruchtbrei in das vorbereitete Maischefass und spülen Sie das Geschirr, mit dem Sie das Obst zerkleinert haben, so dass nichts verloren geht. Dieses Wasser können Sie auch in das Maischefass geben. Eine weitere Wasserzugabe ist nicht erforderlich, weil das Aroma dadurch verdünnt wird. Maximal ein Drittel der Fruchtbreimenge sollte an Wasser (normales Leitungswasser bzw. Trinkwasser) zugegeben werden.

Lediglich bei wenigen Ausnahmen ist mehr Wasser notwendig, z.B. bei Holunderblüten. Diese haben selbst kein Fruchtwasser, also gibt man ca. das gleiche Volumen an Wasser zu, wie trockene Holunderblüten vorliegen. Solche Ausnahmen haben wir in den Rezepten deutlich vermerkt.

Fruchtbrei	► Obst säubern, waschen, Stängel und faule Stellen entfernen, ► zu Brei verarbeiten, darauf achten, dass beim Steinobst keine Kerne zerstört werden.
Wasser	► soviel Wasser, wie zum Reinigen der Gefäße nötig ist (maximal ein Drittel vom Fruchtbrei). Ausnahmen sind in den Rezepten angegeben.

Zubereitung der Grundmaische

Herkömmliche Maische

Fruchtbrei ohne Zutaten

Bei der einfachsten Art der Maischeherstellung wird der Fruchtbrei im Gärfass einfach stehen gelassen, oft sogar ohne Gärspund. Wenn man Glück hat, werden die Wildhefen vom Obst aktiv und nach ein paar Tagen beginnt die alkoholische Gärung. Auch bei der Apfel- bzw. Birnenmostherstellung ist diese Methode leider weit verbreitet.

Auf dem Obst und in der Luft befinden sich auch zahlreiche andere Mikroorganismen, die auch den Zucker der Früchte abbauen können, aber keinen Alkohol erzeugen. Wie erwähnt erzeugen z.B. die Bakterien der Essigfliegen – ihrem Namen entsprechend – Essig. Andere wiederum die giftige, grauenhaft stinkende Buttersäure oder Ethylacetat und Acetaldehyd (beides Hauptbestandteile vom Vorlauf). All diese Organismen machen sich nun über den Fruchtbrei her. Manchmal überwiegen die Alkohol produzierenden Hefen und es entsteht eine brennbare Maische. Doch sehr oft funktioniert es nicht und die Maische ist nicht mehr verwertbar. Das ist von Jahr zu Jahr verschieden. Manchmal hat man Glück, manchmal nicht. Daher wird in ländlichen Gegenden oft davon gesprochen, dass „heuer der hausgebrannte Schnaps nicht gelungen ist, letztes Jahr war eine viel bessere Saison“. Das hat allerdings nichts mit der Saison zu tun, sondern mit den Mikroorganismen und damit, welche dieses Jahr den „Kampf um das Fass gewonnen haben“. Auf diese Art ist es nicht möglich, eine zuverlässige Qualität zu gewährleisten.

Ein weiterer großer Nachteil dieser Methode ist der Ausbeuteverlust: Durch die große Anzahl an Bakterien, die Zutritt zum Fass haben, entstehen natürlich auch viele (giftige) Nebenprodukte. Dies führt dazu, dass der Vorlauf ziemlich groß ausfallen wird. Und zusätzlich verbrauchen die wilden Hefen in der Angärphase einen Teil des Maischezuckers zur Zellneubildung, dieser steht dann für die Alkoholbildung nicht mehr zu Verfügung.

Für die „wilde“ Vergärung brauchen Sie also nichts anderes als Obst, Wasser und ein Gärfass (mit Gärspund).

Diese Variante ist jedoch, wie bereits beschrieben, nicht zur Nachahmung empfohlen. Trotzdem wird wegen Unwissenheit manchmal die Maische leider auch heute noch so hergestellt. Der daraus gebrannte Schnaps hat einen sehr unangenehm scharfen Geschmack, außerdem ist der Essigstich sogar für Laien unverkennbar, dieser kann auch bei richtiger Vorlaufabtrennung beim Brennen nicht entfernt werden. Meist wurde der Vorlauf bei solchen Schnäpsen jedoch zu wenig oder überhaupt nicht abgetrennt, so dass sogar im fertigen „Doppeltgebrannten" ein Vorlaufanteil von 10% (!) nachgewiesen werden kann.

Fruchtbrei	► Obst säubern, waschen, Stängel und faule Stellen entfernen, ► zu Brei verarbeiten, darauf achten, dass beim Steinobst keine Kerne zerstört werden.
Wasser	► soviel Wasser, wie zum Reinigen der Gefäße nötig ist (maximal ein Drittel vom Fruchtbrei). Ausnahmen sind in den Rezepten angegeben.
Vergärung	► mit Gärspund vergären lassen.

Die einfache Maische

Hinweis:
Wird die Hefe zu Saft aus einem Dampfentsafter oder zu abgekochter Maische gegeben, sollte die Maische bzw. der Saft mehrmals täglich gemixt werden, bis es heftig gärt, sonst kann sich die Hefe wegen des geringen Sauerstoffgehaltes nicht vermehren.

Zugabe von Reinzuchthefe

Um den Anteil an Vorlauf, also Fehlgärungen, deutlich zu reduzieren und die Alkoholausbeute zu erhöhen, empfiehlt es sich, Reinzuchthefe zuzugeben. Diese bewirkt, dass die richtigen Hefepilze von Anfang an überwiegen und somit die Vergärung in die gewünschte Richtung gelenkt wird. Die Zugabe von Hefe allein genügt jedoch nicht. Die Maische braucht auch die oben genannten Hefenährsalze. Die darin enthaltenen Spurenelemente und Vitamine sind für eine ideale Vergärung unerlässlich, da die Hefe, wie wir Menschen auch, diese Substanzen zum Wachsen und Gedeihen braucht. Es gibt unterschiedliche Arten von Reinzuchthefen:

► *flüssige Hefe*: ist eine reine Hefe, das Hefenährsalz muss noch zugegeben werden. Da es bei dieser Hefeart zu Startschwierigkeiten kommen kann, empfiehlt es sich hier einen Gärstarter anzusetzen (siehe Seite 51).

- *Trockenhefe*: ist ebenfalls reine Hefe, ohne Hefenährsalz. Speziell zu Destillationszwecken optimierte „Brennhefen" stammen meist von *Saccharomyces cerevisiae* (Bierhefe) ab.
- *Mischungen*: „Fertigmischungen" beinhalten Trockenhefe und Nährsalz oder Trockenhefe und Verflüssiger (siehe Seite 30).

Merke:
Haben Sie eine Maische hergestellt, die bereits von selbst zu gären begonnen hat, hat es keinen Sinn nachträglich Reinzuchthefe zuzugeben. Diese verträgt sich nämlich nicht mit den Wildhefen.

Die genaue Dosierung der Hefen und Nährsalze entnehmen Sie am besten der Packungsbeilage, hier gibt es erhebliche Unterschiede. Bei Flüssighefen, meist Weinhefen, ist die Dosierung in der Regel ca. 50 ml je 50 Liter Maische. Um Probleme beim Gärstart zu vermeiden, die Hefe nicht direkt zugeben, sondern zuerst einen Gärstarter ansetzen (siehe Seite 51). Von Trockenhefen, wiederum produktabhängig, sind ca. 150 g je 100 Liter Maische zuzugeben. Diese Hefen können Sie problemlos direkt in den Fruchtbrei einrühren, ein Gärstarter ist nicht notwendig. Wie erwähnt, stammen die meisten Trockenhefen von Bierhefe ab. Dieser Hefestamm ist besser geeignet für Fruchtmaischen, weil mehr Zuckerarten (z. B. Pentosen) vergoren werden können als bei der Weinhefe. Als Beispiel einer Mischung aus Trockenhefe und Verflüssiger sei hier das Gärfix genannt, man benötigt ca. 100 g dieses Pulvers für 200 – 250 Liter Maische. Turbohefen, eine Mischung aus Trockenhefe und Nährsalzen, können auch in herkömmlichen Maischen (ohne Zuckerzugabe) eingesetzt werden. Dosierung ca. 115 g je 100 Liter, wenn die Hefe zu Fruchtbrei anstatt reinem Zuckerwasser gegeben wird.

Tipp

Prinzipiell können Sie auch mit einer normalen Backhefe arbeiten. Allerdings ist mit einer geringen Ausbeute zu rechnen, weil diese nicht auf die Alkoholproduktion spezialisiert ist und daher nur eine geringe Alkoholtoleranz hat.

Hefen können nur im Temperaturbereich zwischen 15 und 27 °C optimal gedeihen. Ist die Temperatur zu hoch, sterben die Hefen ab, ist es zu kühl, werden die Hefen inaktiv. Über 20 °C verläuft die Gärung sehr schnell, dadurch entsteht in kurzer Zeit viel Gärgas, was dazu führt, dass auch Aroma „ausgetrieben“ werden kann. Daher ist die ideale Raumtemperatur beim Gären 15 – 19 °C. Für einen schnellen und problemlosen Gärstart ist es empfehlenswert, die Hefe bei ca. 20 – 24 °C zuzugeben, und wenn nach ein bis zwei Tagen die Maische stark gärt, diese bei 15 – 19 °C weitergären zu lassen. Dies ist der Vorteil von kleinen, transportablen Gärgefäßen: in einem warmen Raum die Gärung starten, und sobald es heftig gärt, das Gefäß in einen kühlen Raum stellen.

Insbesondere bei Marille (Aprikose) und Kirsche ist auf die richtige Gärtemperatur zu achten. Wird Marille z.B. bei 23 °C vergoren, ist der Brand daraus nahezu geschmacklos.

Die folgende Tabelle zeigt Ihnen kurz zusammengefasst die einzelnen Arbeitsschritte für die Herstellung einer Maische mit Reinzuchthefe:

Fruchtbrei	► Obst säubern, waschen, Stängel und faule Stellen entfernen, ► zu Brei verarbeiten, darauf achten, dass beim Steinobst keine Kerne zerstört werden.
Wasser	► soviel Wasser, wie zum Reinigen der Gefäße nötig ist (maximal ein Drittel vom Fruchtbrei). Ausnahmen sind in den Rezepten angegeben.
Reinzuchthefe	► flüssige Hefe + Hefenährsalz laut Packung *oder* ► Trockenhefe + Hefenährsalz laut Packung *oder* ► Mischungen: ca. 100 g / 200 – 250 l Maische
Vergärung	► mit Gärspund vergären lassen.

Die Maische mit Reinzuchthefe

pH-Wert-Kontrolle

Das Wachstum der Hefen ist auch abhängig vom Säuregrad (= pH-Wert) der Maische. Ist der pH-Wert zu hoch oder zu niedrig, werden die gewünschten Hefen zerstört bzw. das Wachstum falscher Bakterien gefördert, was wiederum zu Fehlgärungen und damit zur Bildung der giftigen Vorlaufbestandteile führt.

Für die Vergärung von Obst und die dafür erforderlichen Hefen ist ein pH-Wert von 3,0 – 3,5 ideal, dies entspricht dem Säuregrad eines frisch gepressten Apfelsaftes, die meisten anderen Obstsorten sind leider zu wenig sauer. Da dies im sauren Bereich liegt, spricht man auch vom sogenannten „Säureschutz". Ist der pH-Wert nicht sauer genug, tritt im späteren Destillat z.B. der bereits erwähnte Essigstich auf. Eine häufige Ursache dafür ist Kahmhefe. Dies ist eine Ansammlung verschiedener aerober Mikroorganismen (*mycoderma*) wie Schimmel, wilde Hefen und diverse Bakterien (z. B. Essigbakterien), die an der Maischeoberfläche eine milchrahm-ähnliche Haut bilden und die Maische durch Oxidation des Alkohols z. B. zu Acetaldehyd verderben. Durch einen niedrigen pH-Wert wird die Bildung von Kahmhefe verhindert. Kurzum, typische Geschmacksfehler von Destillaten aus Maischen ohne Säureschutz sind Essigstich und unangenehme Schärfe.

Wie wird nun der pH-Wert gemessen und wie kann er gegebenenfalls korrigiert werden?

Der pH-Wert lässt sich in drei Bereiche einteilen:

$pH < 7$:
saurer Bereich
(z.B. Essig, Zitronensäure, Salzsäure)

$pH = 7$:
neutraler Bereich
(z.B. Wasser)

$pH > 7$:
alkalischer Bereich
(z.B. Ammoniak, Natronlauge, Kalk)

Messung des pH-Werts

Die einfachste und günstigste Messung erfolgt mit pH-Messstäbchen. Hierbei handelt es sich um kleine Karton- oder Kunststoffstreifen, die mit einer Indikatorlösung präpariert wurden. Wird der Streifen in eine Flüssigkeit gehalten, verändert der Indikator je nach Säuregrad seine Farbe. Auf der Packung sind alle Farbmöglichkeiten und der entsprechende Säurewert (pH-Wert) aufgelistet. Also einfach nur Streifen eintauchen, Farbe vergleichen und pH-Wert ablesen.

Sollte die Farbänderung nicht ersichtlich sein, weil die Eigenfarbe der Maische dafür zu intensiv ist, wie z.B. bei

Brombeeren, verwenden Sie zum Ansäuern am besten „Biogen-M“ (siehe übernächste Seite), weil sich damit der richtige pH-Wert von selbst einstellt.

Eine weitere, aber viel teurere und aufwändigere Variante ist die pH-Elektrode. Bereits die Anschaffung solch einer Elektrode ist relativ teuer. Die Glaselektrode tauchen Sie in die zu messende Flüssigkeit und eine digitale Anzeige gibt Ihnen den pH-Wert an. Sie dürfen die Elektrode nach der Messung keinesfalls einfach weglegen. Nach der Benutzung ist sie peinlichst genau mit destilliertem Wasser zu reinigen und anschließend in einer speziellen Lösung zu lagern, welche nicht gerade billig ist. Die Elektrode muss regelmäßig geeicht werden, trocknet sie einmal aus, ist sie kaputt. Mit so etwas sollten sich eher Chemiker herumärgern, die einfach zu handhabenden Indikatorstäbchen eignen sich für unsere Zwecke ausgezeichnet.

Korrektur des pH-Werts

In der Praxis werden Sie feststellen, dass die Maische bis auf wenige Ausnahmen (z. B. Zitronen) zu wenig sauer ist, der pH-Wert also zu hoch. Dies bedeutet, dass im Regelfall die Maische angesäuert werden muss. In Fällen wie Orangen- und Zitronensaft kann durch Zugabe von Kalk (Calciumcarbonat) der pH-Wert erhöht werden. Kalk in Lebensmittelqualität zur Entsäuerung von Wein ist im Weinkellereibedarf erhältlich.

Zum Ansäuern gibt es mehrere Möglichkeiten:

Zitronen, Orangen: Entweder auspressen oder Scheiben von unbehandelten Zitronen/Orangen in die Maische geben, ca. 3 Orangen und 4 Zitronen je 30 Liter Maische. Diese Methode ist jedoch nur sinnvoll, wenn der starke Eigengeschmack nicht stört bzw. der Maische eine besondere Note geben soll, wie z.B. bei Holunderblüten. Näheres dazu in den Rezepten ab (Kapitel 5).

Zitronensäure: Ist in jedem Supermarkt erhältlich und außerdem billig. Allerdings baut sie sich nach ein paar Tagen wieder ab. Dies bedeutet, dass jeden 3. oder 4. Tag nachkontrolliert werden muss und gegebenenfalls der Wert erneut zu korrigieren ist.

Vorgehensweise: Bestimmen Sie zuerst den Säuregehalt der Maische mit den pH-Messstäbchen. Ist der Wert zu hoch, geben Sie ein bis zwei Teelöffel Säure je Liter Maische zu, rühren gut um und messen erneut. Wiederholen Sie den Vorgang, bis der pH-Wert bei 3,0 – 3,5 liegt. Leider gibt es für die Zitronensäurezugabe keine einfachere Vorschrift, denn wenn Sie zuviel zugeben, kann der pH auch kleiner als 3,0 werden und dann stirbt die Hefe ab, weil es zu sauer ist. Außerdem wäre es am besten, wenn Sie die Zitronensäure in wenig Wasser auflösen und erst dann zur Maische geben. Sonst kann es passieren, dass sich das Pulver im Fruchtbrei noch nicht aufgelöst hat, wenn Sie den pH-Wert messen.

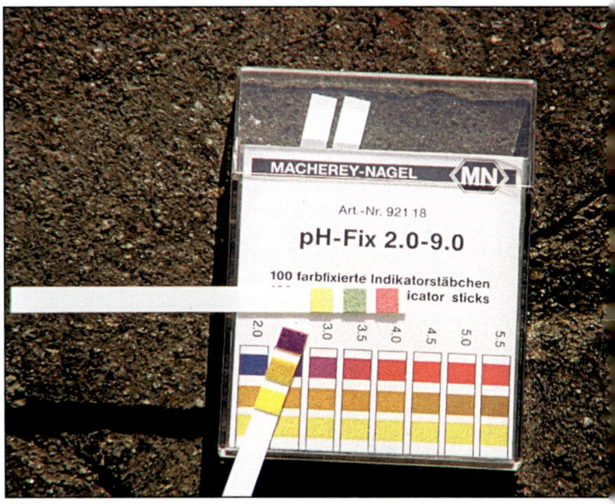

▲ pH-Messstäbchen: vor der Messung, nach der Messung und Vergleichstafel

Milchsäure: Ein großer Vorteil der Milchsäure im Vergleich zur Zitronensäure liegt darin, dass sie während der Vergärung nicht abgebaut wird. Das bedeutet, dass Sie die Säure nur einmal zu Beginn zugeben müssen, weitere Korrekturen sind später nicht mehr erforderlich.

Wie bei der Zitronensäure messen Sie zuerst den pH-Wert der Maische und geben dann ca. 1 Esslöffel der (flüssigen, 80%igen) Säure je Liter zu, danach wieder messen. Diesen Vorgang wiederholen Sie solange, bis der richtige Wert erreicht ist. Auch hier sollten Sie darauf achten nicht zuviel zuzugeben, sonst kann es zu sauer für die Hefe werden. Im Kellereibedarf werden ganze Sets zur richtigen Dosierung der Milchsäure angeboten. Demzufolge muss die Maische zuerst titriert werden (d.h. in eine Probe langsam eine Lösung tropfen, bis ein Farbumschlag entsteht) und danach die genaue Mengenzugabe berechnet werden. Die Methode mit den pH-Messstäbchen genügt aber vollkommen.

Wenn zuviel Zitronen- bzw. Milchsäure zugegeben wurde, der pH-Wert also kleiner als 3,0 ist, in kleinen Portionen den zuvor beschriebenen Entsäuerungskalk zugeben und nach jeder Zugabe den pH-Wert messen, bis der Wert zwischen 3,0 und 3,5 liegt.

Fruchtsäurekonzentrat: Zum Beispiel Biogen-M. Dies ist ein Gemisch aus mehreren Fruchtsäuren, das den pH-Wert durch einmalige Zugabe korrigiert. Gibt man hiervon ca. 2 – 4 ml je Liter Maische zu, ist der pH-Wert während der gesamten Vergärung in Ordnung. Der Vorteil dabei: Da sich in Kombination mit dem Fruchtbrei eine chemische Pufferlösung bildet, können Sie nicht zu viel reinschütten, der pH-Wert stellt sich immer auf 3,2 – 3,5 ein, egal wie groß der Wert vor der Zugabe war.

Nachdem nun auch der pH-Wert der Maische im richtigen Bereich liegt, sollten bei der Vergärung kaum noch Fehlgärungen auftreten. Sie werden beim Brennen nur einen sehr geringen Anteil an Vorlauf abtrennen müssen. Die Tabelle auf der folgenden Seite zeigt nochmals die einzelnen Schritte.

Verflüssiger

Beim Einmaischen tritt öfter das Problem auf, dass die Früchte gelieren, d.h. die Maische wird ziemlich fest und es ist kaum noch möglich, sie weiter zu verarbeiten. Die Hefe selbst produziert zwar ein Enzym namens Pectinase, das diese Gelierung verhindern soll, aber oft reicht die Eigenproduktion nicht aus. Daher wird dieses Enzym, auch Verflüssiger genannt, extra zugegeben. Es handelt sich dabei um keinen fremden Zusatzstoff, sondern um die Substanz, die von der Hefe selbst hergestellt wird, aber in zu geringem Ausmaß. Ein weiterer geläufiger Name für Verflüssiger ist Antigel. Zusätzlich sorgt der Verflüssiger dafür, dass das Fruchtfleisch ziemlich vollständig zersetzt wird und so die Fruchtaromen besser in die Maische übergehen.

Die genaue Dosierung lesen Sie wieder am besten in der Packungsbeilage nach, bei einem besonders effektiven Produkt, dem „Verflüssiger Spezial“ sind dies fruchtabhängig ca. 3 – 25 ml je 100 Liter Maische. Weiche Früchte wie Steinobst benötigen weniger als harte Früchte wie Quitten, Hagebutten oder Vogelbeeren. Wurzeln wie Topinambur benötigen 25 ml je 100 Liter. Bei Trockenhefemischungen in denen der Verflüssiger bereits inkludiert ist, erübrigt sich natürlich die Zugabe.

Mit dem Verflüssiger ist die *perfekte Maische* fertig. Wenn Sie sauber gearbeitet haben, wird beim Destillieren kaum noch Vorlauf abzutrennen sein.

Fruchtbrei	► Obst säubern, waschen, Stängel und faule Stellen entfernen ► Zu Brei verarbeiten, darauf achten, dass beim Steinobst keine Kerne zerstört werden
Wasser	► So viel Wasser, wie zum Reinigen der Gefäße nötig ist (maximal ein Drittel vom Fruchtbrei). Ausnahmen sind in den Rezepten angegeben.
Verflüssiger	► Verflüssiger Spezial: fruchtabhängig ca. 3–25 ml je 100 l Maische, wenn in der Hefemischung nicht bereits enthalten
pH-Korrektur	► pH-Wert messen und auf 3,0–3,5 einstellen: ► Fruchtsäurekonzentrat Biogen M: 300 ml / 100 l Maische *oder* ► Zitronensäure (mit pH-Messstäbchen einstellen) *oder* ► Milchsäure (mit pH-Messstäbchen einstellen) *oder* ► Zitronen-/Orangenzugabe
Reinzuchthefe	► Flüssige Hefe + Hefenährsalz laut Packung *oder* ► Trockenhefe + Hefenährsalz laut Packung *oder* ► Mischungen: ca. 100 g / 200–250 l Maische
Vergärung	► Mit Gärspund vergären lassen, optimale Gärtemperatur: 16–19 °C, ein- bis zweimal wöchentlich umrühren, bis Fruchthut abgesunken, dann ist die Gärung abgeschlossen
Lagerung	► Maische maximal 1–2 Monate kühl lagern vor dem Brennen, Destillat zumindest 2 Jahre lagern (siehe Kapitel Brennen / Lagerung)

Die komplette herkömmliche Maische

Alkoholgehalt bei herkömmlichen Maischen

Die nebenstehende Tabelle soll Ihnen einen Überblick geben, mit welchem Alkoholgehalt Sie bei welchen Früchten in der Maische rechnen können. Mehr kann nicht entstehen, weil dann der Zucker der Früchte aufgebraucht ist und die Hefen folglich verhungern.

Sollten Sie die Frucht Ihrer Wahl in dieser Liste nicht finden, können Sie den maximal erreichbaren Alkoholgehalt anhand des Kohlenhydratgehaltes abschätzen, welcher in Nährwerttabellen angegeben ist. 1 g Kohlenhydrat entspricht in etwa 1 g Zucker. Beispiel: 100 g Birne (frisch) enthalten 12,4 g Kohlenhydrate, ein Liter Birnenbrei somit ca. 124 g Zucker. 124 g Zucker je Liter entsprechen wiederum ca. 6 %vol Alkohol (siehe Tabelle Alkoholgehalt/Zucker auf Seite 37).

Hochgradige Maische mit Zuckerzusatz

Die vorhergehenden Abschnitte haben die Herstellung einer hochqualitativen Maische beschrieben. Diese kann noch verbessert und vor allem die Alkoholausbeute stark erhöht werden. Möglich ist dies nur mittels einer speziellen Turbohefe oder der Sherryhefe. Alle anderen Hefesorten sind wegen ihrer geringeren Alkoholtoleranz nicht dafür geeignet. Sie sterben bei maximal ca. 13 %vol ab (Wildhefe und Backhefe bereits bei ca. 6 – 8 %vol), weil ein höherer Alkoholgehalt für die Hefen giftig ist. Die Hefe allein genügt aber nicht. Der Fruchtzucker des Obstes reicht nur aus, einen Alkoholgehalt zwischen 2 %vol (bei Vogelbeeren) und ca. 8 % (Marillen, Zwetschen) zu erreichen. Weintrauben haben den höchsten Zuckergehalt, (trockene) Weine, die vollkommen ausgegoren sind, haben um die 12 %vol. Um den Alkoholgehalt zu erhöhen, muss daher der Hefe zusätzliche Nahrung in Form von Zucker (am besten normaler Haushaltszucker) zugegeben werden.

Dieser wird dann von den Hefen gefressen und zu Alkohol umgewandelt.

Wie bereits ausführlich beschrieben entsteht dabei immer die gleiche chemische Substanz (Ethylalkohol bzw. Ethanol), egal ob der Zucker aus den Früchten stammt oder extra zugegen wird. Die Behauptung, dass man von einem Schnaps Kopfweh bekommt, weil der Maische Zucker zugegeben wurde, ist falsch und blanker Unsinn. Kopfweh erzeugen die Gärnebenprodukte einer unsauberen Maische.

Alkoholgehalt [%vol]	Obstsorte
2–3	Wacholder-, Vogel-, Himbeeren und andere Beeren
3–4	Quitten, Hagebutten
4–5	Schlehen, Kiwi, Papaya
5–6	Äpfel, Birnen, Ananas
6–8	Kirschen, Weichseln, Marillen, Pfirsich, Granatapfel, Mango
8–10	Zwetschen, Pflaumen, Mirabellen, Banane
10–13	Weintrauben

Erzielbarer Alkoholgehalt von herkömmlichen Maischen

Wo liegen die Vorteile einer hochgradigen Maische?

► Der Alkoholgehalt in der Maische beträgt bei der Turbohefe 20 %vol, bei der Sherryhefe 16 %vol. Durch den hohen Alkoholgehalt werden die Aromen viel besser aus der Frucht extrahiert, also „herausgezogen“, als bei herkömmlichen Maischen, da Ethanol ein organisches Lösemittel und damit auf Grund seiner Eigenschaften eher öl- bzw. fett- als wasserähnlich ist. Die Maische wird daher geschmacklich viel intensiver, weil die Aroma- und Geschmacksstoffe in der Regel fett- und nicht wasserlöslich sind. Deswegen werden diese auch umso besser aufgelöst, je höher der Alkoholgehalt ist und können folgedessen beim Brennen auch umso vollständiger in das Destillat (= den Schnaps) übertragen werden.

Folgender Versuch veranschaulicht diesen Effekt sehr deutlich: Nehmen Sie je 100 ml geschmacklosen Alkohol mit einen Alkoholgehalt von jeweils 5 %vol, 45 %vol und 96 %vol. Geben Sie überall jeweils 10 g Himbeeren dazu und lassen Sie das Ganze ca. 6 bis 8 Wochen ste-

Hinweis:
Wenn Sie bereits gewohnt sind, mit herkömmlichen Maischen zu arbeiten, und mit der Qualität Ihres Destillates zufrieden sind, sollten Sie die hochgradige Methode mit einer kleinen Menge trotzdem einmal ausprobieren. Sie werden über das Ergebnis erstaunt sein! „Der Feind des Guten ist das Bessere“.

hen. Nach dieser Zeit wird der 5 %vol-Ansatz ein wenig himbeerig schmecken, die Früchte sind rosa und noch relativ geschmackvoll. Der 45 %vol-Ansatz schmeckt hingegen intensiv nach Himbeere, während die eingelegten Früchte bereits farblos geworden sind und nur noch entfernt nach Himbeere schmecken. Der 96 %vol-Ansatz ist bitter im Geschmack, weil durch den sehr hohen Alkoholgehalt hier auch schon die Bitterstoffe der Samen extrahiert wurden.

► Die bereits beschriebene Kahmhefe tritt bei herkömmlichen Maischen leider sehr häufig auf. Dieses Problem existiert jedoch überhaupt nicht bei hochgradigen Maischen, hier bildet sich dieser Oberflächenschimmel erst gar nicht.

► Die 20 %vol-Maische kann auf Grund des hohen Alkoholgehaltes nicht mehr faulen oder schimmeln und ist ohne Konservierungsstoffe mehrere Jahre unfiltriert haltbar, sie wird mit der Zeit sogar immer besser. Die Maische muss nicht sofort nach dem abgeschlossenen Gärvorgang verarbeitet werden. Es ist sogar sehr sinnvoll die hochgradige Maische nach Gärende noch zumindest 6 Monate oder länger stehen zu lassen, dann ist die Maische vorlauffrei. Es entsteht ein mildes, sehr reintöniges Fruchtaroma, ohne Schärfe oder Hefegeruch/-geschmack. Dies ist bei einer herkömmlichen Maische nicht möglich, da diese ohne Qualitätseinbußen – der Brand hat dann einen charakteristischen Geruchsfehler, der an einen feuchten modrigen Keller erinnert – nicht so lange gelagert werden kann. Frische Brände aus herkömmlichen Maischen sind sehr scharf und müssen einige Jahre gelagert werden, dies ist bei Bränden aus hochgradigen Maischen nicht der Fall.

► Durch die hohe Alkoholkonzentration ist nur mehr ein einziger Brennvorgang notwendig um Trinkstärke (ca. 43 %vol) im Destillat zu erreichen. Es erübrigt sich der geschmacksmindernde und arbeitsaufwändige zweite Durchgang, d.h. das zweifache Brennen. Je öfter destilliert wird, desto hochprozentiger und reiner (geschmacksloser) wird zwar das Destillat, aber desto mehr Aromen bleiben zwangsläufig im Kessel zurück (weiteres dazu siehe Kapitel 4).

► Höhere Ausbeute: Bei hochgradigen Maischen, die mit Turbohefe angesetzt wurden, entspricht die Destillatmenge (verdünnt auf 43 %vol) ca. 30 % der gebrannten Maischemenge. Bei herkömmlichen Maischen sind dies je nach verwendeter Frucht zwischen 3 und ca. 10 %. Übrigens ist es ein komplett falsches Gerücht, dass der hohe Alkoholgehalt den Geschmack vom Brand streckt. Das Gegenteil ist der Fall, es gelangen viel mehr Aroma- und Geschmacksstoffe ins Destillat als bei herkömmlichen Maischen. Bei geringem Alkoholgehalt bleibt ein Großteil davon im Kessel zurück, daher schmeckt eine herkömmliche Maische NACH dem Brennen auch immer noch wunderbar fruchtig. Hochgradige Maischen ergeben somit eine größere Ausbeute UND einen intensiveren Geschmack. Jetzt können Sie sich vorstellen, wie viel Aroma und Geschmack bei herkömmlichen Maischen mit niedrigem Alkoholgehalt und doppeltem Brennen verloren gehen.

Turbohefe

Mehrere Hersteller bieten inzwischen eine ganze Palette unterschiedlicher Turbohefen an, erhältlich über diverse Internetshops. Leider berichten uns Schnapsbrenner immer wieder, dass die Hefen eines gewissen Herstellers einen deutlich muffigen Hefegeruch/-geschmack erzeugen, trotz Filtern, Reinigen mit Aktivkohle usw. Daher lehnen einige Brenner, die nach der hochgradigen Methode arbeiten, Turbohefen auch generell ab. Bisher wurden uns keine Probleme dieser Art bei der Marke „Prestige“ gemeldet, die Ergebnisse sind frei von jeglichen Geschmacks- oder Geruchsfehlern. Für Fruchtmaischen wird am häufigsten „Prestige 8 kg turbo yeast“ verwendet.

Tests haben gezeigt (siehe Seite 80), dass eine hochgradige Maische, die nach der Gärung zumindest 6 Monate gelagert wurde, vollkommen vorlauffrei ist. Hochgradige Maischen zu lagern, ist also ein absolutes Muss! Je länger Sie warten, desto besser wird das Ergebnis. Der Brand ist dann sofort nach dem Destillieren und Verdünnen genussfertig. Frische Destillate aus herkömmlichen Maischen sind hingegen stechend scharf und nahezu ungenießbar.

Sie entfalten ihre Qualität erst nach einigen Jahren. Daher werden Qualitätsbrände aus solchen Maischen auch ausnahmslos IMMER zumindest zwei Jahre, meist jedoch drei bis vier Jahre gelagert, bevor sie ausgeschenkt bzw. verkauft werden.

Die Zubereitung der hochgradigen Maische

Die Wassermenge, pH-Wert-Kontrolle und die Verflüssigerzugabe wurden bereits besprochen. Bei der Hefe kann man zwischen der Turbohefe und der Sherryhefe wählen. Der Unterschied liegt in der zu erzielenden Alkoholkonzentration:
Turbohefe: mind. 20 %vol in der Maische
Sherryhefe: max. 16 %vol in der Maische

Um z.B. 20 %vol in der Maische zu erhalten, sind 389 g Zucker je Liter Maische notwendig. Zur Erinnerung: Der Zucker wird von der Hefe in Alkohol umgewandelt, nach der Gärung ist von dem Zucker also nichts mehr übrig. In der nebenstehenden Tabelle ist die erforderliche Gesamtzuckermenge je nach gewünschtem Alkoholgehalt ersichtlich.

Beispiel:
► *Für einen Alkoholgehalt von 12 %vol brauchen wir 235 g Zucker je Liter Maische.*
► *Für einen Alkoholgehalt von 19 %vol brauchen wir 370 g Zucker je Liter Maische.*

Da die Frucht selbst auch einen gewissen Zuckergehalt hat (siehe Abschnitt über herkömmliche Maische), kann dieser von der erforderlichen Menge abgezogen werden. Wird das nicht gemacht, können bei der Turbohefe oft auch deutlich mehr als 20 %vol entstehen. Daher ist es nur bei der Sherryhefe sinnvoll den Zuckergehalt der Frucht zu berücksichtigen.

Beispiel zur Berechnung der Zuckermenge:
► *Sherryhefe*: Marillen können einen natürlichen Alkoholgehalt von 7 – 9 %vol erreichen. Zur Berechnung ver-

wenden wir 8. Diese 8 %vol entsprechen 158 g / l, für 16% sind aber 312 g / l notwendig. Wir müssen also 154 g Zucker je Liter zugeben.
312 – 158 = 154

Die ermittelte Zuckermenge wird nicht auf einmal der Maische zugegeben. Dadurch würde sie überzuckert und die Hefe wegen des hohen osmotischen Drucks absterben. Abgesehen davon, je mehr Zucker am Anfang zugegeben wird, desto stärker ist die Gärung und desto mehr Fruchtaroma wird durch das CO_2 ausgeblasen. Aus demselben Grund ist es sehr wichtig, dass die Umgebungstemperatur nicht höher ist als 19 °C. Bei Gärgefäßen, die größer sind als 200 Liter, kann es daher auch notwendig sein, diese mit einem Kühlaggregat zu kühlen. Geben Sie nur ein Drittel der Menge direkt bei der Zubereitung der Maische dazu (kräftig umrühren nicht vergessen). Ein weiteres Drittel geben Sie spätestens eine Woche danach zu. Wenn die Raumtemperatur mehr als 20 °C beträgt, verläuft die Gärung viel schneller, dann muss bereits nach einigen Tagen das zweite Drittel zugegeben werden, sonst ist bereits alles aufgebraucht, die Hefe verhungert und folglich stoppt die Gärung.

gewünschter Alkoholgehalt in der Maische (%vol)	erforderlicher Gesamtzucker (g Zucker pro Liter Maische)
1	23
2	42
3	61
4	81
5	100
6	119
7	139
8	158
9	177
10	196
11	216
12	235
13	254
14	273
15	293
16	312
17	331
18	351
19	370
20	389
21	408
22	428
23	447
24	466
25	485

Gesamtzuckergehalt in der Maische vor der Gärung in Abhängigkeit von der gewünschten Alkoholkonzentration nach der Gärung

Wie können Sie das prüfen? Kosten Sie die Maische, schmeckt sie süß, können Sie noch warten, aber wie gesagt, spätestens eine Woche nach der ersten Zugabe sollte nachgesüßt werden. Ist der Geschmack allerdings herb und trocken, muss sofort die nächste Zuckerportion eingerührt werden.

Das letzte Drittel wird nach spätestens einer weiteren Woche zugegeben bzw. früher, wenn die Maische bereits herb schmeckt. Auch hier gilt: Wird die Zuckerzugabe ver-

Hinweis:
Arbeiten Sie trotz Zuckerzugabe niemals mit unreifen Früchten. Der Fruchtzucker würde zwar durch die Zugabe kompensiert, beim Aroma würden Sie im Vergleich zur vollreifen Frucht jedoch herbe Einbußen verzeichnen.

gessen bzw. erfolgt sie zu spät, hört es auf zu gären weil die Hefen verhungern.

Machen Sie nicht den Fehler, dass Sie bei der Zuckerzugabe sparen, nach dem Motto „Schade um den Zucker, weniger muss auch genügen". Wie bereits bei der Gärungsgleichung (Seite 15) erwähnt, entsteht aus jedem Gramm Zucker ca. 1,5 ml Alkohol (umgerechnet auf 43 %vol).

Zum besseren Verständnis der Zuckerberechnung zwei Beispiele:

Beispiel 1

Wir haben 100 Liter Birnenbrei und möchten eine 20 %vol-Maische herstellen. Welche Zutaten sind notwendig?
Lösung:
► In den 100 Litern ist das Wasser, das zur Reinigung der Geräte notwendig war (ca. 5 l), bereits inkludiert.
► Verflüssiger: 6 ml für 100 Liter Maische
► Turbohefe: 115 g für 100 Liter Maische
► Zuckerberechnung: gewünschter Alkoholgehalt: zumindest 20 %vol, somit sind 389 g Zucker je Liter Maische (siehe Tabelle) notwendig. Der Zuckergehalt der Frucht wird mit Absicht nicht berücksichtigt, um mehr als 20 %vol zu erreichen.
Für 100 Liter: 389 • 100 = *38.900 g Zucker Gesamt (= 39 kg)*
Das erste Drittel, also 13 kg geben wir sofort zu
► pH-Wert: 200 ml Biogen-M zugeben um pH auf 3,5 einzustellen, danach mit pH-Messstäbchen kontrollieren, gegebenenfalls weitere Biogen-M Zugabe.
► Alles kräftig umrühren und das Gärfass mit einem Gärspund verschließen.
► Weiterbehandlung der Maische: nach ein paar Tagen erfolgt die Zugabe des zweiten Drittels Zucker, also erneut 13 kg. Nach weiteren 5 – 7 Tagen das letzte Drittel, somit haben wir insgesamt 39 kg Zucker zugegeben.

Beispiel 2

Wir möchten 25 Liter Maische mit Sherryhefe auf 16 %vol vergären. Wieviel Zucker brauchen wir?
Lösung:
Für 16 %vol sind insgesamt 312 g Zucker je Liter Maische (siehe Tabelle) notwendig. Birnen enthalten bereits soviel

Zucker, dass 5 %vol Alkohol entstehen können, dies entspricht 100 g Zucker je Liter.
(312 – 100) • 25 = *5.300 g Zucker (5,3 kg)*
Somit müssen wir insgesamt 5,3 kg Zucker zugeben (ein Drittel davon, also 1,8 kg, sofort).

Übrigens hat das saure Milieu (pH = 3,0 – 3,5) bei der hochgradigen Maische, außer dass Fehlgärungen unterdrückt werden, noch eine andere Funktion: Rohr- oder Rübenzucker, also normaler Kristall- bzw. Haushaltszucker, gehört zur Gruppe der Disaccharide und wird in der Fachsprache Saccharose genannt. Disaccharide setzen sich aus zwei Zuckerringen zusammen – daher auch das Präfix „Di-“ – und können nicht direkt vergoren werden. Im sauren Milieu zerfällt ein Disaccharid in zwei Einzelringe (= Monosaccharide), zu dieser Gruppe gehört z.B. die Fructose der Gärungsgleichung, diese wiederum können sehr gut von den Hefen vergoren werden.

Da das Turbohefesäckchen auch Nährsalze enthält, muss nicht unbedingt nährstoffreicher Fruchtbrei vergoren werden, man kann damit auch reinen, geschmacklosen Alkohol herstellen. Hierfür wird einfach ein Wasser-Zucker-Gemisch vergoren (Rezept Seite 122) und anschließend destilliert. Diesen Alkohol können Sie dann

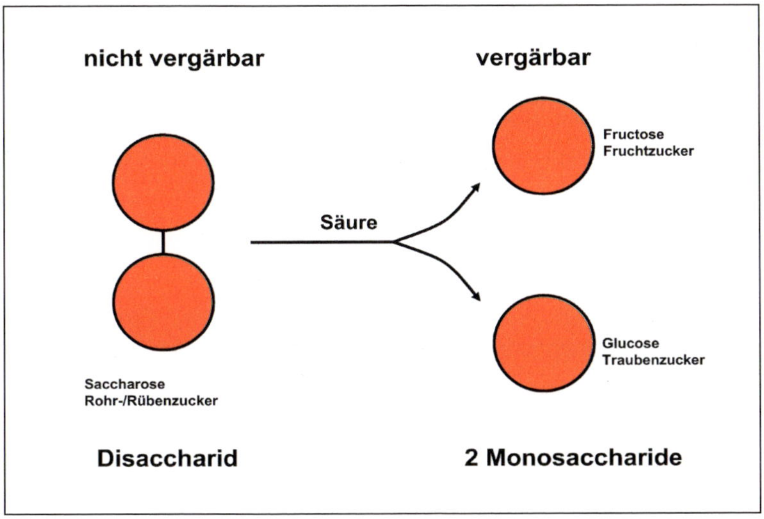

◄ Aus Disacchariden werden mit Säure Monosaccharide.

z.B. zum Ansetzen oder für Geiste verwenden (siehe Kapitel 6 und 7).

Die Tabelle auf Seite 42 zeigt nochmals zusammenfassend die Vorgehensweise für die hochgradige Maische. Bei anderen Mengen die Dosierungen entsprechend umrechnen. Da die Turbohefe ein Gemisch aus mehreren Substanzen ist, sollten Sie davon immer zumindest einen gehäuften Teelöffel verwenden.

Kontrolle des Gärverlaufs

Was ist zu kontrollieren und wie oft?

Dieses Kapitel gilt sowohl für die herkömmliche wie für die hochgradige Maische. Um eine ideale Vergärung der Maische zu erreichen, ist es notwendig, den Gärverlauf genau zu kontrollieren, um bei Fehlern notfalls rechtzeitig Gegenmaßnahmen einzuleiten.

Zuerst einmal sollten Sie beim Einfüllen des Gärfasses darauf achten, dass dieses nicht mehr als zu drei Vierteln gefüllt ist. Andernfalls würde beim Gären alles übergehen. Wir sprechen hier aus Erfahrung. Unsere Zwetschenmaische hatte gerade eine wunderbare stürmische Gärung (das sind die ersten zwei bis drei Tage), das Fass war jedoch mehr als drei viertel gefüllt. Schließlich sollte auch die letzte gepflückte Frucht hinein! Bei unserer Routinekontrolle haben wir dann bemerkt, dass bereits Flüssigkeit durch den Gärspund ausgetreten war. Wir zerrten, in guter Voraussicht, das Fass aus dem Keller ins Freie und als wir den Gärspund öffnen wollten, machte sich das gesamte Fiasko bemerkbar: Eine kleine Berührung am Stopfen genügte, schon flog er uns gemeinsam mit dem Zwetschenbrei mitten ins Gesicht. Die Fontäne aus dem Fass war einfach nicht zu stoppen, es spritzte und sprudelte. Im Fass hatte sich ein enormer Überdruck aufgebaut, da ein Zwetschenkern den Gärspund verstopft hatte. Fazit: Nun war weit mehr an Zwetschenbrei verloren gegangen, als hätten wir die letzten Früchte nicht mehr ins Fass geworfen.

Tipp

Hefe immer nach allen anderen Zutaten, insbesondere nach der pH-Wert-Einstellung, einrühren. Wird der pH-Wert einer bereits gärenden Maische durch Säure-Zugabe geändert, kann die Gärung durch den Säure-Schock zum Stillstand kommen.

Tipp

Bei Flüssighefen wie der Sherryhefe kann es möglicherweise zu Startschwierigkeiten der Gärung kommen, daher empfiehlt es sich in diesem Fall einen Gärstarter (siehe Seite 50 „Probleme während der Vergärung“) anzusetzen.

Tägliche Kontrolle

Wenn die Gärung in Gang ist, sollten Sie täglich Ihr Gärfass kontrollieren und nachschauen, ob der Gärspund noch blubbert. Dies ist die beste Überprüfung einer intakten Vergärung. Auch die Raumtemperatur ist zu prüfen, da eine zu hohe oder zu tiefe Temperatur die Gärung sehr rasch beenden kann. Es sollte nie kälter als 15 °C sein und für maximales Aroma nie wärmer als 20 °C. Über 28 °C sterben die Hefen ab. Vorsicht, wenn Sie das Fass im Freien stehen lassen, die Nachttemperaturen können auch im Sommer unter 15 °C fallen.

Schließlich sollte auch der Geschmack getestet werden. Eine herkömmliche Maische – also ohne Zuckerzusatz – ist bezüglich Schimmel und Fehlgärungen zu verkosten. Diesen Geschmack merken Sie sofort, es schmeckt nach Essig oder nach faulem Obst. Stellen Sie eine hochgradige Maische her – also mit Zuckerzusatz – müssen Sie zusätzlich auf die Süße der Maische achten. Schmeckt die Maische süß, ist noch genug Nahrung für die Hefe vorhanden. Schmeckt sie jedoch herb und trocken, müssen Sie *sofort* Zucker zugeben, sofern nicht bereits die gesamte berechnete Zuckermenge enthalten ist. Andernfalls würde die Gärung sehr rasch zum Stillstand kommen, da die Hefe verhungert.

Regelmäßiges Umrühren

So lange es gärt empfiehlt es sich, einmal wöchentlich die Maische kräftig umzurühren (kleinere Gefäße

Fruchtbrei	► Obst säubern, waschen, Stängel und faule Stellen entfernen ► Zu Brei verarbeiten, darauf achten, dass beim Steinobst keine Kerne zerstört werden
Wasser	► So viel Wasser, wie zum Reinigen der Gefäße nötig ist (maximal ein Drittel vom Fruchtbrei). Ausnahmen sind in den Rezepten angegeben.
Verflüssiger	► Verflüssiger Spezial: fruchtabhängig ca. 3–25 ml je 100 l Maische
pH-Korrektur	► pH-Wert messen und auf 3,0–3,5 einstellen, z.B. mit Fruchtsäurekonzentrat Biogen M: 300 ml / 100 l Maische
Reinzuchthefe	► Turbohefe 115 g je 100 l Maische, Hefenährsalz ist enthalten *oder* ► Sherryhefe + Hefenährsalz laut Packung
Zuckerzugabe	► Ein Drittel der berechneten Menge sofort zugeben ► Zweites Drittel eine Woche später ► Letztes Drittel eine weitere Woche später
Vergärung	► Mit Gärspund vergären lassen, optimale Gärtemperatur: 16–19 °C, ein- bis zweimal wöchentlich umrühren, bis Fruchthut abgesunken, dann ist die Gärung abgeschlossen (Dauer: ca. 2–3 Monate)
Lagerung	► Ausgegorene Maische zumindest 6 Monate lagern vor dem Brennen für vorlauffreies Destillat mit intensivem Fruchtaroma und weichem Geschmack. Destillat muss nicht gelagert werden (siehe Kapitel Brennen / Lagerung)

Zubereitung einer hochgradigen Maische (20 %vol mit Turbohefe, 16 %vol mit Sherryhefe)

Tipp

Das beste Rührwerkzeug können Sie sich sehr einfach selbst bauen: Nehmen Sie einen Besenstiel und ein rundes Holzbrett, welches Sie in der Mitte mit dem Stiel verschrauben. Ziehen Sie diesen „Rührteller" im Gärgefäß auf und ab, wird die Maische bervorragend durchmischt.

▲ Rührteller selbst gemacht

fest schütteln). Drücken Sie den Fruchtkuchen, der sich oben im Fass bildet, kräftig nach unten und vermischen Sie ihn gut mit der Flüssigkeit. Nur so bleiben die festen Bestandteile, in denen die Aromastoffe gebunden sind, mit der Flüssigkeit in Kontakt, und die Aromen können in die Flüssigkeit übergehen. Wird der Kuchen nicht umgerührt, so trocknet er mit der Zeit aus und gibt der Maische ein strohiges Aroma. Die Gärung wird im Lauf der Zeit immer langsamer, im Gärspund blubbert es also immer seltener, das ist normal. Erst wenn der Fruchtkuchen, der von der Hefe inzwischen weitgehend zersetzt wurde, zu Boden gesunken ist, hat es aufgehört zu gären, danach nicht mehr umrühren. Von oben ist dann eine klare Flüssigkeit erkennbar, manchmal, abhängig von der jeweiligen Frucht, nur einige Zentimeter tief.

Insbesondere bei Kernobstmaischen, aber oft auch bei anderen Obstsorten, sind in der Maische immer noch kleine Fruchtstücke enthalten. Diese werden während der Gärung zwar weich, lösen sich aber nie komplett auf. Seit einigen Jahren mixen wir die Maischen nach einer Woche Gärzeit intensiv mit einem Bohrmaschinen-Rühraufsatz.

Wöchentliche Messungen

Den Alkoholgehalt der Maische sollten Sie wöchentlich mit einem Vinometer überprüfen. Dadurch sehen Sie, ob Ihre Maische Fortschritte macht. Der pH-Wert ist, insbesondere bei Verwendung von Zitronensäure, ebenfalls wöchentlich zu kontrollieren, um eventuelle Veränderungen rechtzeitig zu bemerken und notfalls nachzusäuern.

Bilder von der Maischeherstellung

▲ Das benötigen Sie für die Maischeherstellung: Obst, Turbohefe, Verflüssiger, Biogen-M, pH-Stäbchen, Zucker, Maischefass, Gärspund.

Das Obst wird gewaschen und zerkleinert.

◄ Sehr geringe Wasserzugabe, um das Aroma zu maximieren.

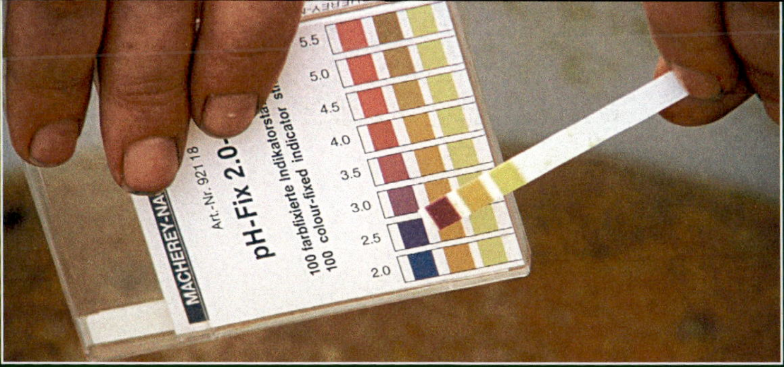

◀ pH-Kontrolle und gegebenenfalls Biogen-M Zugabe.

▲ Verflüssiger, Hefe und Zucker zusetzen.

▲ Alles gut umrühren,

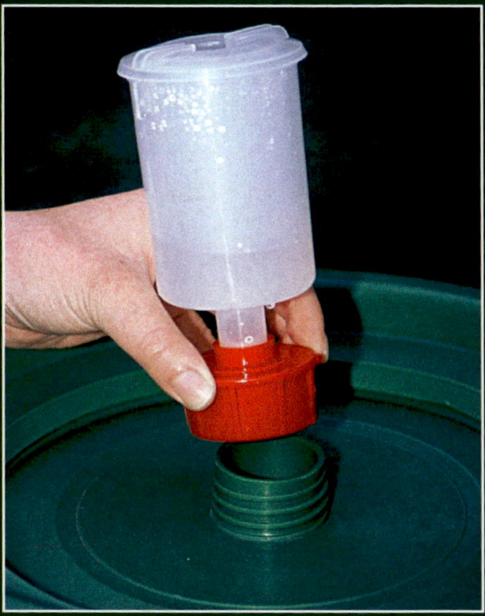

◀ Gärspund aufsetzen

▼ und Protokoll nicht vergessen.

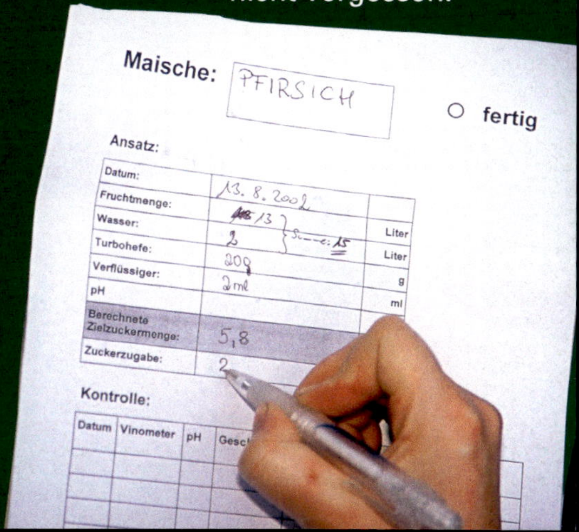

► Kontrolle der Maische

täglich	► blubbert es noch? ► Raumtemperatur in Ordnung? Also >15 °C und <20 °C
alle 5–7 Tage	► umrühren (so lange es noch gärt) ► Geschmack: keine Fehlgeschmäcker, bei hochgradigen Maischen die Süße prüfen
wöchentlich	► Alkoholwert mit Vinometer ► pH-Wert (nur bei Zitronensäure)

Messung des Alkoholgehalts in der Maische mit dem Vinometer

Das Vinometer ist im Wesentlichen eine dünne Glaskapillare. Je nach Alkoholgehalt sinkt die Flüssigkeit in dieser Kapillare auf ein unterschiedliches Niveau. Wenn Sie Maische messen möchten, filtrieren Sie zuerst ca. 1–2 Esslöffel davon mit einem Kaffeefilter ab, da Trübstoffe die Kapillare verstopfen können. Mit dem Filtrat füllen Sie den Trichter des Vinometers vollkommen auf. Nun füllt sich die Kapillare langsam mit Flüssigkeit. Warten Sie, bis die Flüssigkeit unten heraustropft und kontrollieren Sie dabei, ob die Kapillare auch bläschenfrei ist. Am besten halten Sie das Vinometer gegen eine Lichtquelle, auf diese Weise sind Luftbläschen am besten ersichtlich. Sollten Bläschen vorhanden sein, saugen Sie unten leicht an, bis die Kapillare vollkommen mit Flüssigkeit gefüllt ist. Nun drehen Sie das Vinometer vertikal rasch um 180°, sodass sich der Trichter unten befindet, die Flüssigkeit aus dem Trichter herausrinnt, und halten es so. Die Flüssigkeit in der Kapillare sinkt nach unten, die Höhe des Flüssigkeitsspiegels entspricht dem Alkoholgehalt. Ca. 10 Sekunden nach dem Umdrehen können Sie direkt den Alkoholgehalt in %vol ablesen. Nach der Messung das Vinometer unbedingt mit destilliertem Wasser gut spülen, andernfalls kann es durch eingetrocknete Rückstände verstopfen.

Gelöster Zucker in der Maische führt zu einer gewissen Messungenauigkeit des Vinometers. Wir haben eine Messreihe durchgeführt und reinen Alkohol parallel zu gezuckertem Alkohol gemessen. Die Ungenauigkeit beläuft sich auf ca. +/- 2 %vol, womit diese Messmethode für unsere Zwecke vollkommen ausreicht. Erfahrungsgemäß wird ein zu hoher Wert bei gelöstem Zucker angezeigt, wenn die Maische süß schmeckt, ca. 2 – 4 % vom Messwert abziehen.

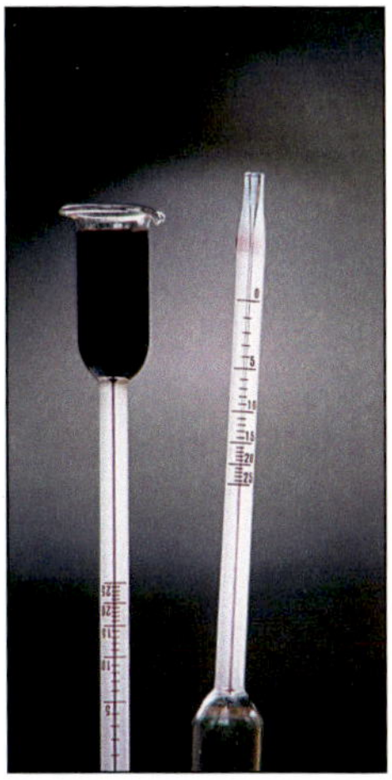

▲ Prinzip der Vinometermessung: auffüllen (links) und ablesen (rechts)

Gärprotokoll

Prinzipiell ist es sinnvoll, ein genaues Gärprotokoll zu führen. Einerseits erleichtert es, eventuelle Fehler nachträglich zu erkennen. Wenn Ihnen andererseits eine Maische besonders gut gelungen ist, können Sie im nächsten Jahr wieder genau nach dieser Vorlage vorgehen. Wenn Sie viele unterschiedliche Maischesorten ansetzen, sind Protokolle bzw. Mitschriften unerlässlich, da Sie ansonsten den Überblick verlieren, was bei welcher Maische bereits gemacht wurde. Nebenstehend ein Beispiel, wie ein Gärprotokoll aussehen könnte.

Wann ist die Gärung zu Ende?

Folgende Punkte treten beim Stoppen der Gärung auf, aus denen sich jedoch nicht erkennen lässt, ob die Gärung zu Ende ist oder nur eine Gärunterbrechung vorliegt. Die einzige Aussage ist, dass es nicht mehr gärt.

► Der Gärspund blubbert nicht mehr (Achtung: gegen Ende der Gärung blubbert es nur noch sehr selten bzw. das Fass kann undichte Stellen haben, dann blubbert es auch nicht)

► Wird die Maische gerührt, schäumt es nicht mehr wie Sekt.

► Treten die beiden oben genannten Punkte auf und zusätzlich folgende Kriterien, so war die Gärung erfolgreich und ist zu Ende.

► Die Vinometermessung zeigt den gewünschten erzielbaren Alkoholgehalt an.

► Der Fruchtkuchen schwimmt nicht mehr oben auf, alle Feststoffe sind auf den Boden abgesunken. Darüber befindet sich eine klare, weinartige Flüssigkeit. Außerdem wurde, insbesondere bei Verwendung von Verflüssiger, das

► Gärprotokoll

Name	Birne

Ansetzdatum		5. 9. 2001
Gärung	Start	6. 9. 2001
	Ende	25. 11. 2001
Lagerzeit		12 Monate

☒ fertig

Allgemeine Daten

Beschreibung	Weinbirnen, gewaschen, mit Häcksler zerkleinert	
Fruchtbrei	20 Liter	Gesamt 22 Liter
Wasser	2 Liter	
Hefe	¼ Pkg. Turbohefe	
Pektinase	3 ml Verflüssiger Spezial	
Nährsalze	in Turbohefe enthalten	
pH-Kontrolle	3,2 keine Korrektur	
Temperatur	22° C	
Zuckerzugabe Gesamt	8,5 kg	
Zuckerzugabe Erster Teil	3 kg	

Gärverlauf

Datum	Alkoholgehalt	Temperatur	Zucker Zugabe	Zucker Gesamt	Tätigkeiten, Geschmack, Aussehen, Bemerkungen
9. 9.	8 %	18° C	3 kg	6 kg	blubbert stark, Geschmack: sauer
12. 9.	12 %	18° C	-	6 kg	Geschmack: süß
14. 9.	15 %	17° C	2,5 kg	8,5 kg	Fruchthut fast weg, Geschmack: sauer
21. 9.	22 %	17° C	-	8,5 kg	Fruchthut weg, Geschmack: lieblich

Fruchtfleich weitgehend zersetzt, sodass der Feststoffanteil nur mehr gering ist.

► Die Maische schmeckt herb (bei hochgradigen Maischen kann oft auch nach erfolgreicher Gärung der Geschmack noch etwas süßlich sein, das ist in Ordnung).

Wenn die Maische erfolgreich vergoren wurde, ist der wichtigste und schwierigste Schritt zur Herstellung eines ausgezeichneten Edelbrandes geschafft. Denn nur eine gute Maische garantiert einen guten Schnaps, beim Destillieren kann (fast) nichts mehr schief gehen. Hat die Maische geschmacklich jedoch einen Stich bzw. Schimmel oder ähnliches, ist es unmöglich, daraus einen guten Brand zu machen. Wenn die Maische so gut schmeckt, dass es fast zu schade ist, sie zu brennen, ist sie perfekt!

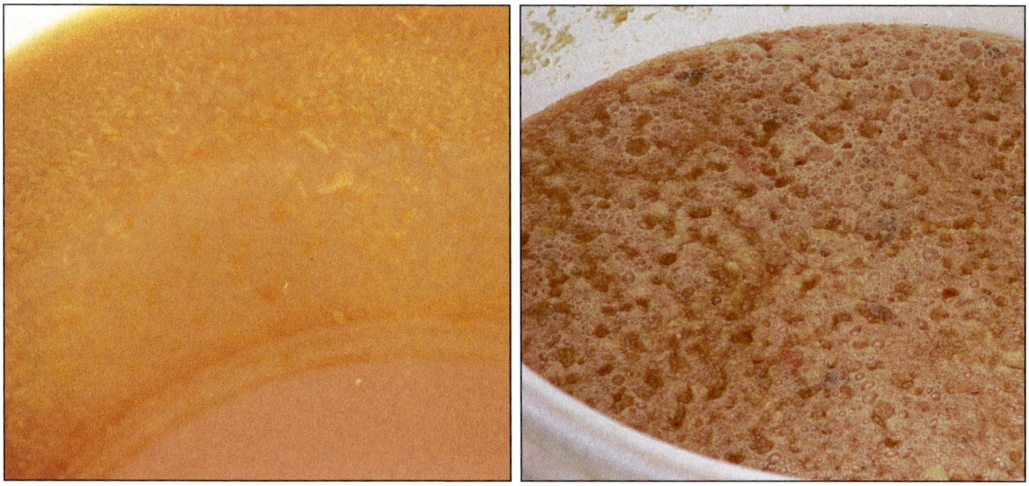

▲ Fertige (links) und noch gärende Maische (rechts)

Der optimale Zeitpunkt zum Brennen

Nach der abgeschlossenen Gärung sollte die Maische vor dem Brennvorgang noch mindestens ein bis zwei Monate ohne umzurühren stehen gelassen werden. In dieser Zeit finden in der Maische Veresterungsprozesse (Reaktion von Alkohol mit organischen Säuren) statt, die im Destillat zu einem intensiveren Aroma führen. Eigentlich gilt, je länger die Maische gelagert wird, desto besser wird der Brand. Zum Beispiel werden Geschmacksfehler wie Schärfe oder Hefe dadurch vermieden. Allerdings können herkömmliche Maischen (mit < 16 %vol) ohne Konservierungsmittel nicht länger als die besagten ein bis zwei Monate gelagert werden, sonst entsteht der Fehlgeschmack „modriger Keller“ im Schnaps. Da hochgradige Maischen dieses Problem nicht haben, sollten diese vor dem Brennen zumindest sechs Monate stehen gelassen werden. Bei jahrelanger Lagerung der Maische wird der Brand unvergleichbar mild und aromatisch, auch weil sich ein Hauptbestandteil vom Vorlauf, das Acetaldehyd (ein Zwischenprodukt der alkoholischen Gärung), während der Lagerung komplett abbaut. Daher sind saubere, hochgradige Maischen nach entsprechender Lagerung normalerweise auch vorlauffrei.

Probleme während der Vergärung

Manchmal hört die Gärung auf, dies hat immer eine der folgenden Ursachen:

- zu hohe Temperatur: >28 °C
- zu niedrige Temperatur: <15 °C
- zu viel Zucker
- zu wenig Zucker
- zu sauer: pH < 2,5
- alte Hefen

Beachten Sie diese Kriterien, werden Sie kaum mit dem Problem einer Gärunterbrechung zu tun haben. Sollte dieser Fall dennoch eingetreten sein, so kann die Gärung neu gestartet werden. Zuerst einmal muss sichergestellt sein, ob in der Maische bereits Alkohol entstanden ist oder ob die Vergärung überhaupt nicht begonnen hat und somit auch wirklich kein Alkohol in der Maische enthalten ist. Am besten kontrollieren Sie das mit dem Vinometer. Sind Sie sich nicht sicher, ob bereits Alkohol gebildet wurde oder nicht, entscheiden Sie sich besser für die zweite Vorgehensweise.

Es hat sich noch kein Alkohol in der Maische gebildet:
Wenn die Maische 24 bis 48 Stunden nach der Hefezugabe noch nicht zu gären begonnen hat, war die zugegebene Hefe wahrscheinlich zu alt. In so einem Fall neue Hefe zugeben und umrühren. Sie sollten immer das Ablaufdatum auf der Packung überprüfen. Eine andere häufige Ursache ist zu niedrige Temperatur. Um dies zu vermeiden, sollte die Gärung immer bei 22 – 24 °C Umgebungstemperatur vom Fass gestartet werden. Sobald der Fassinhalt heftig gärt, das Fass in einen Raum mit ca. 15 – 19 °C stellen. Das ist der Vorteil kleiner Gärfässer: Sie sind transportabel. Hefe wird mittels Lufteinblasung in Bioreaktoren gezüchtet, sie vermehrt sich also durch Luft. Um der Gärung ein wenig auf die Sprünge zu helfen, ist es als Erstmaßnahme daher am sinnvollsten, die Maische zweimal täglich mit einem Bohrmaschinenaufsatz oder einem Pürierstab (ein anderer Mixertyp ist nicht intensiv genug) kräftig durch-

zumixen. Mit dem Mixen aufhören, sobald der Inhalt heftig gärt. Wenn nach zwei bis drei Tagen die Maische immer noch nicht gärt, hat es keinen Sinn weiterzumachen, weil dann die Wahrscheinlichkeit immer größer wird, dass wilde Hefen, mit allen negativen Konsequenzen, den Fassinhalt zum Gären bringen.

Hinweis:
Als Richtwert für die Menge des Gärstarters gilt ca. ein Zwanzigstel der zu startenden Maische. Haben Sie also 40 Liter Maische, die nicht mehr gärt, brauchen Sie etwa 2 Liter Gärstarter.

Es hat sich bereits Alkohol in der Maische gebildet:
In diesem Fall ist es sinnlos, nur Hefe zuzugeben, weil die Hefen (direkt aus dem Fläschchen oder der Verpackung) sofort absterben, wenn sie mit Alkohol in Kontakt kommen, auch wenn der Alkoholgehalt noch sehr gering ist. Dies tritt sowohl bei Flüssig- wie Trockenhefen auf. Nur wenn sie sich an den Alkohol gewöhnt haben, können sie in diesem Medium überleben. Daher müssen Sie einen Gärstarter, z.B. nach Variante I oder II, ansetzen.

Nach ein bis zwei Tagen, je nach Gärtemperatur, kommt es zu einer heftigen Gärung. In diesem Zustand – also wenn alles schäumt und perlt, noch während der stürmischen Phase – geben Sie den Gärstarter zur nicht mehr gärenden Maische (umrühren nicht vergessen), und das Problem sollte gelöst sein. Bei hochgradigen Maischen die entsprechende Zuckerzugabe nicht vergessen (sofern dies noch nicht erfolgt ist), den Zucker vom Gärstarter dabei berücksichtigen. Hat die Maische bereits mehr als ca. 14 %vol, kann sie sogar mit einem Gärstarter nicht mehr zum Gären gebracht werden.

Gärstarter, Variante I
Pasteurisierter Apfelsaft ohne Konservierungsmittel (!) und Hefe in der Menge, die der späteren Maischemenge entspricht, in einem Eimer mit einem Pürierstab mixen, Eimer mit einem Tuch bedecken und mit einem Gummiring befestigen. Das Ganze an einen warmen Platz, ca. 22-24 °C, stellen. Hefe vermehrt sich durch Luft, daher zweimal täglich mit dem Pürierstab kräftig mixen. Nach ein paar Tagen, wenn der Inhalt stark zu gären begonnen hat, mit der Maische vermischen, ebenfalls am besten mixen.

Gärstarter, Variante II

- 2 Liter lauwarmes Leitungswasser
- 300 g Zucker
- ¼ Päckchen Turbohefe oder Sherryhefe nach Herstellerangaben
- pH-Wert einstellen (wie dies bei der „großen" Maische erfolgt ist) oder Saft von 5 Orangen und 3 Zitronen zugeben, wenn dieser Geschmack nicht stört.

Schütten Sie alles zusammen und rühren Sie kräftig um.

Filtration der Maische

Manche Schnapsbrenner filtrieren ihre Maische und begehen damit – sofern kein Fruchtwein hergestellt werden soll (siehe Kapitel 5) – einen großen Fehler. In den Schalen der Früchte befinden sich die meisten Aromen. Filtriert man diese ab, so schmeckt der Brand viel „leerer" als bei einer Destillation inklusive Fruchtanteil. Die festen Bestandteile könnten zwar anbrennen, aber in Kapitel 3 sind einige Methoden beschrieben, wie dieses Problem sehr einfach vermieden werden kann.

Prinzipiell sollten Sie daher auf die Filtration der Maische verzichten. Möchten Sie dennoch ihre Maische filtrieren, finden Sie im Kapitel 5 (im Abschnitt Filtration der Maische) einige Tipps und Tricks dafür.

Aufbewahrung der Maische

Hochgradige Maische, also >16 %vol, können Sie kühl und luftdicht verschlossen problemlos ein Jahr oder länger aufbewahren. Wie bereits beschrieben ist dies aus qualitativer Sicht sogar sehr sinnvoll, hochgradige Maischen sollten vor dem Brennen daher zumindest ca. 4 Monate gelagert werden. Optimal ist ein Kunststofffass, da hier weniger Sauerstoff eindringt als durch Holz.

Herkömmliche Maische wird am besten nach ein bis zwei Monaten verarbeitet, da hier die Gefahr von Fäulnis, Schimmel und Essigbildung sehr groß ist. Möchten Sie sie trotzdem länger aufbewahren, sind so genannte Fixiermittel erforderlich. Durch die Zugabe von Glucoseoxidase (2 g je 100 Liter Maische) und Cellulase (2 g je 100 Liter Maische) kann der Sauerstoff im Fass, der die negativen Veränderungen hervorruft, minimiert werden. Verwenden Sie auf alle Fälle ein Kunststofffass und bewahren Sie es möglichst ganz gefüllt auf, da dann der Luftraum im Fass und damit der Sauerstoffgehalt kleiner wird. Lagern Sie das Fass kühl.

Einmaischen von Getreide, Korn, Kartoffeln (stärkehältige Produkte)

Das Einmaischen stärkehältiger Produkte unterscheidet sich weitgehend von Fruchtmaischen, da im Gegensatz zum Getreide oder den Kartoffeln in der Frucht das Monosaccarid Fructose (= Fruchtzucker) enthalten ist, welches mit Hilfe der Hefe zu Alkohol umgewandelt werden kann. Stärkehältige Produkte beinhalten keine Mono- oder Disaccharide, sondern nur das Polysaccharid Stärke (siehe Abb.). Dies ist ein Molekül, das aus einer großen Anzahl (zwischen 100 und 14.000) zusammengeketteter Glucose-Einheiten besteht. Um an das Monosaccharid Glucose (= Traubenzucker) heranzukommen, müssen die Ketten aufgespalten werden, erst dann ist eine Vergärung mit Hefe möglich.

► *Kornmaische mit Amylase:* Das stärkehältige Produkt wird zuerst fein gemahlen (Korn) oder fein geschnetzelt (Kartoffeln). Natürlich eignet sich auch Mehl jeglicher Getreidesorten. Um die Stärke in vergärbaren Zucker umzuwandeln, muss die Maische erhitzt werden. Stärkehältige Produkte sind sehr wasserarm, Sie sollten sie daher 1:1 mit Wasser ansetzen. Erhitzen Sie zuerst das Wasser auf ca. 90 °C und geben Sie dann das Getreide oder die Kartoffeln hinzu, die Temperatur muss dabei mindestens 70 °C be-

Merke:
Natürlich können Kornmaischen auch hochgradig vergoren werden. Dies hat den Vorteil, dass der Korngeschmack noch deutlicher hervorkommt und nur einmal gebrannt werden muss. Gehen Sie dazu so vor wie im Kapitel „Hochgradige Maische mit Zuckerzusatz" beschrieben.

tragen. Lassen Sie anschließend die Maische auf ca. 60 °C abkühlen, stellen den pH-Wert auf 5 ein und geben das Enzym Amylase (die Amylase bewirkt die Spaltung der Stärke in vergärbaren Zucker) hinzu. Das Ganze ca. zwei Stunden bei 60 °C halten und gelegentlich rühren. Beachten Sie genau die Dosierungsangaben auf der Packungsbeilage.

Nach dem Abkühlen unter 27 °C geben Sie noch Verflüssiger und Hefe dazu (Dosierungen wie bei den Fruchtmaischen beschrieben). Während des Gärverlaufes und beim Brennen ist die Maische wie eine Fruchtmaische zu behandeln.

► *Kornmaische aus selbst hergestelltem Malz:* Das Getreide auf ein Backblech geben und solange mit einem nassen Tuch bedecken oder mit Wasser bespritzen und feucht halten, bis es keimt (ca. 3 – 5 Tage). Anschließend im Backrohr bei ca. 50 °C zumindest 2 Stunden trocknen. Danach das gemahlene Malz gut mit Wasser vermischen, pro kg Malz 3 – 4 Liter Wasser. Die Maische auf 35 °C erwärmen und mit einem Mixer intensiv aufschließen. Weiter erwärmen auf 60 °C (maximal 65 °C) und mindestens 50 Minuten halten. Danach weiter erwärmen auf 70 °C (maximal 75 °C) und wiederum mindestens 50 Minuten halten.

Anschließend die Maische auf 25 °C abkühlen lassen und den pH auf 3 einstellen (siehe Fruchtmaischen).

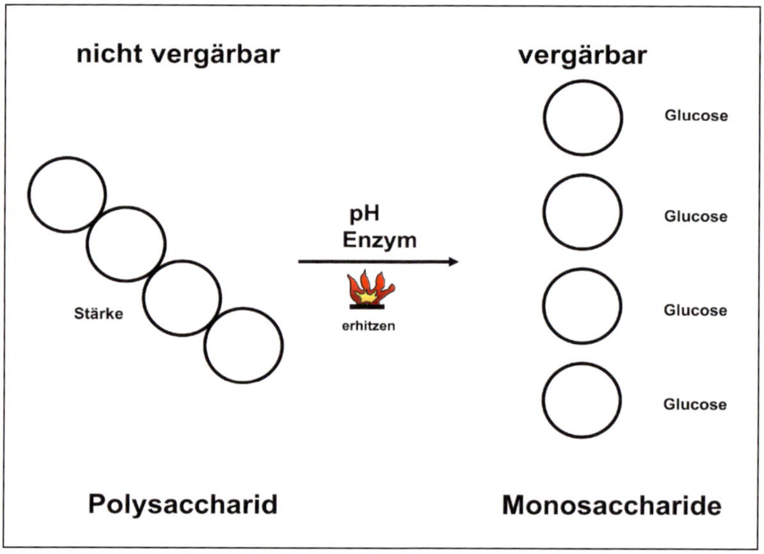

Stärkeabbau ►

Tipp

Kartoffeln im Frost draußen liegen lassen. Dadurch wird die Stärke teilweise aufgespalten und der Geschmack süßlich. Eine Vergärung ist danach zum Teil möglich, allerdings mit einer geringen Ausbeute.

Durch kräftiges Rühren oder Umfüllen in ein anderes Gefäß die Maische belüften. Wie bei den Fruchtmaischen beschrieben, Hefe und Verflüssiger (ca. 20 ml / 100 l Maische) zugeben.

Maischevorbereitung	► Getreide mahlen, Kartoffeln schnetzeln ► gleiche Menge Wasser wie zu vergärende Menge verwenden ► Wasser auf 90 °C erhitzen ► Getreide / Kartoffeln einrühren ► auf 60 °C abkühlen lassen ► Amylase zugeben ► abkühlen lassen unter 27 °C
pH	► auf 5 einstellen (während Maische bei ca. 60 °C ist)
Verflüssiger	► 3–4fache Menge mehr als angegeben, wenn kein spezieller Verflüssiger für stärkehältige Produkte verwendet wird
Hefe	► Mischungen, Sherryhefe oder Turbohefe

Maische aus stärkehaltigen Produkten

Kapitel 3

Brennanlagen

In diesem Kapitel erfahren Sie den prinzipiellen Aufbau einer Destillationsapparatur und was beim Kauf einer Anlage zu beachten ist, denn nicht alles, was als „Brennanlage" angeboten wird, funktioniert auch. Außerdem wird die Funktionsweise und der richtige Umgang mit der Anlage erläutert.

Prinzipieller Aufbau

Jede noch so komplizierte Anlage funktioniert nach dem gleichen Prinzip: Eine Alkohol-Wasser-Mischung (Maische, Wein, Rohbrand, etc.) wird zum Kochen gebracht. Dadurch entsteht Dampf, der auch eine Alkohol-Wasserdampf-Mischung ist, allerdings ist der Alkoholgehalt (%vol) darin größer als in der Flüssigkeit. Dies ist ein physikalisches Naturgesetz, zu dem Sie im Kapitel „Brennen" Näheres finden. Wird dieser Dampf anschließend abgekühlt, geht er wieder in die flüssige Form über, er kondensiert. Aber diesmal hat die Flüssigkeit – auch Kondensat, Destillat, Brand oder Schnaps genannt – einen viel höheren Alkoholgehalt als vorher. Den Topf mit der kochenden Flüssigkeit nennt man „Kessel", die aufsteigende Dampfleitung „Steigrohr", die abfallende Dampfleitung „Geistrohr" und das Gerät zum Abkühlen des Dampfes „Kühler" oder „Kondensator". Die Kunst besteht nun darin, soviel Aromastoffe der Frucht wie möglich über den Dampf in das Destillat zu bringen.

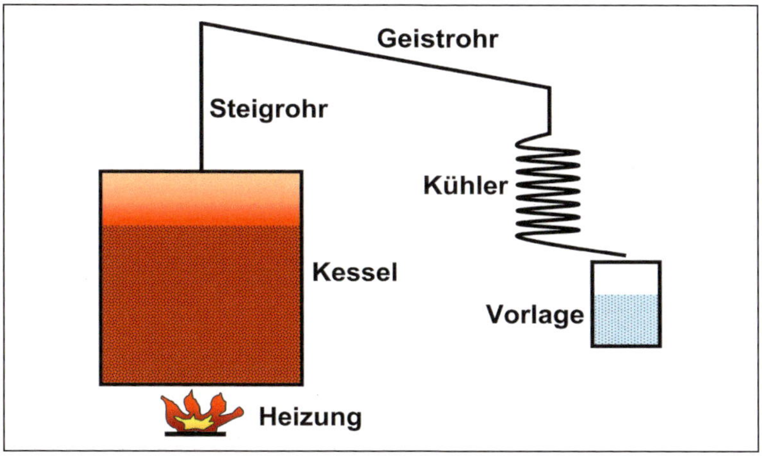

◀ Grundaufbau von Brennanlagen

Kauf einer Anlage

Wenn Sie mit dem Gedanken spielen, eine Anlage käuflich zu erwerben, sollten Sie einige sehr wichtige Punkte berücksichtigen. Der Preis allein sagt noch nichts darüber aus, ob eine Anlage wirklich funktionstüchtig ist. Es gibt auch sehr teure „professionelle“ Apparaturen, die leider vollkommen falsch konstruiert sind. Um Ihnen nachträglichen Ärger zu ersparen, sollten Sie beim Kauf folgende Punkte unbedingt beachten.

1. Die Anlage muss ein Dampfthermometer besitzen, andernfalls ist sie nur sehr eingeschränkt nutzbar, da Sie dann Vor- und Nachlauf nicht genau trennen können.

2. Das Thermometer muss am höchsten Punkt des ungekühlten Dampfes angebracht sein. Nur dort entspricht die Dampftemperatur dem Alkoholgehalt vom Destillat und nur so können die Werte von unterschiedlichen Anlagenkonstruktionen miteinander verglichen werden. Wird das Thermometer weiter unten angebracht, können die Abweichungen 10 °C und mehr betragen.

3. Der Querschnitt des Dampfrohres sollte möglichst groß sein. Je dünner und je länger das Rohr ist, umso größer auch der Druckverlust in der Anlage. Die Folge: Im Kessel entsteht ein Überdruck, wodurch sich die Dampftemperatur stark ändert und die empfindlichen Aromen durch die höhere Temperatur zerstört werden.

4. Das Material der Anlage darf den Dampf / die Flüssigkeit geschmacklich nicht beeinflussen. Hitzebeständiges Glas, Edelstahl oder Kupfer sind z.B. besonders geeignet. Nicht chemikalienresistente Gummidichtungen sind zu vermeiden, da das Destillat anschließend nach Gummi schmeckt. Sehr bewährte Dichtungsmaterialien sind Kork oder Silikon.

5. Die Anlage sollte über einen Anbrennschutz aus Edelstahl oder einen Doppelmantelkessel verfügen. Der Anbrennschutz ist dabei die billigere Variante und dazu noch sehr effektiv.

6. Um z. T. erhebliche Aroma- und Ausbeuteverluste zu vermeiden, sollte der Leerraum im Kessel über der kochenden Maische möglichst klein sein. Daher sollte der Kessel immer zumindest zu zwei Dritteln bzw. drei Vierteln befüllt sein.

Materialien

Das richtige Material der Anlage hängt von mehreren Kriterien ab. Auf jeden Fall sollte es hart genug, stabil, hitzebeständig, beständig gegen flüssigen Alkohol sowie Alkoholdampf, beständig gegen schwache Säuren sowie lebensmittelecht sein. Ohne jegliche Einschränkung kommen daher eigentlich nur drei Materialien in Frage: Kupfer, Edelstahl und hitzebeständiges Glas. Wegen der schwachen Säuren ist Aluminium nur bedingt geeignet, eigentlich nur für den Kessel, nicht für den Dom oder andere Anlagenteile. Emaillierte Kessel sind nicht stoßfest und färben sich mit der Zeit ein. Selbstverständlich ist es auch möglich, verschiedene Materialien für verschiedene Anlagenteile zu benutzen, z. B. einen Kupferkessel und einen Edelstahlkühler oder einen Edelstahlkessel und einen Glaskühler.

Der Vorteil von Glasapparaturen ist, dass man sieht, was im Inneren vor sich geht. Zudem können sie durch Normschliffe problemlos gasdicht miteinander verbunden werden. Ein gravierender Nachteil ist natürlich die große Bruchgefahr.

Oft wird beschrieben, dass der Kessel, die gesamte Anlage oder zumindest der Dampfdom aus Kupfer bestehen soll. Traditionell wurde immer Kupfer verwendet, weil es relativ einfach verarbeitet werden kann, außerdem hat es die Fähigkeit, Cyanid-Verbindungen (Blausäure, Ethylcarbamat) abzubauen. Diese Substanzen entstehen, wie bereits beschrieben, aus zerbrochenen Kernen von Steinobst (Kernobst hat dieses Problem nicht!).

Tradition und einfache Verarbeitung: In früheren Zeiten konnte jeder herkömmliche Dorfschmied Kupfer bearbeiten, aber nicht Edelstahl. Daher wurden Brennanlagen jahrhundertelang aus Kupfer gefertigt. Heutzutage bestehen Hightech-Anlagen, nicht nur im industriellen Maßstab, aus Edelstahl. Nur Schottland ist da anders: Wenn ein Destillat nicht mit einer Kupferanlage gebrannt wurde, darf es nicht Whisky genannt werden. Einige Brenner haben berichtet, dass ihr Whisky anders schmeckt, wenn sie ihn mit einer Stahlanlage statt mit einer Kupferanlage gebrannt haben, aber dies wurde bis dato nicht durch weiterführende Studien belegt. Wichtig scheint jedenfalls eines zu sein: Es ist NICHT vorteilhaft, vor wirklich jedem Brennvorgang die Kupferanlage innen möglichst blank zu scheuern und eventuell sogar noch mit Zitronensäure die Patinaschicht aufzulösen. Sofern es sich nicht um Grünspan handelt, welcher vor allem bei weichem, nicht-gehärtetem Kupfer auftritt, ist Berichten zufolge diese Schicht sogar von Vorteil: Angeblich soll bei Destillaten aus blanken Kupferanlagen ein muffiger Fehlgeruch bemerkbar sein.

▼ Kessel mit Anbrennschutz und Ablaufstutzen

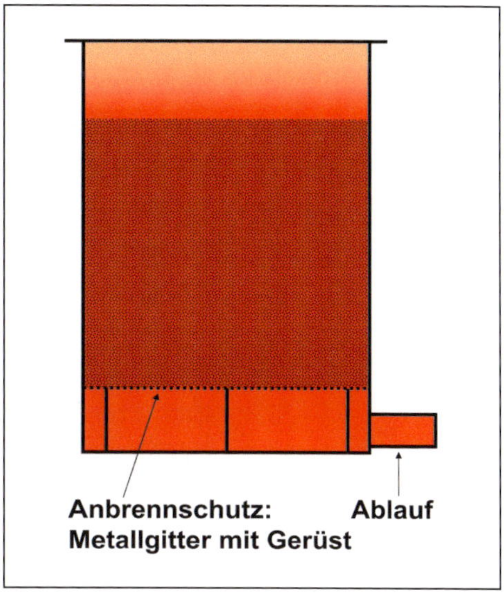

Cyanid-Abbau: Die einfachste Methode, um die Bildung von Ethylcarbamat zu verhindern, ist, Steinobst so zu zerkleinern, dass die Steine dabei nicht zerstört werden. Wenn dies wegen großer Obstmengen und industriellem Maßstab nicht möglich ist, können Cyanide mittels mehrerer Methoden abgebaut werden. Auf jeden Fall ist es NICHT ausreichend, einfach eine Kupferanlage zu benutzen und diese vor dem Brennen innen blank zu putzen. In einer Anlage kommt nur ein sehr geringer Teil des Dampfes mit den Wänden, dem Kupfer, in Kontakt, auch nicht im Geistrohr, welches der Dampf laminar, ohne Wirbel zu bilden, durchströmt. D.h. der Hauptanteil vom Dampf strömt zum Kühler, ohne mit dem Kupfer je in Berührung zu kommen. Daher sind professionelle Brennanlagen auch mit einem sogenannten Kupfer„katalysator" ausgestattet (obwohl der Abbau nicht katalytisch erfolgt). Dies ist im Endeffekt ein Behälter ca. gleich hoch wie breit, der mit Kupfergeflecht, -platten, -spänen o.Ä. befüllt ist und in die Dampfleitung zwischen dem Dom oder Kolonnenkopf und dem Kühler geschaltet wird, so dass der Dampf im Behälter von unten nach oben strömt. Gemäß dem Hersteller ergibt sich bei allen Maischen, nicht nur bei Steinobst, eine Geschmacksverbesserung. Eine andere Methode, um Cyanid abzubauen, ist die Zugabe von Kupfersalz (CYANUREX®) zur Maische in den Kessel, mit dem Nachteil, dass die Maische nach dem Brennen als Sondermüll eingestuft werden muss, wegen des hohen Kupfer- und damit Schwermetallgehalts. Eine Alternative ist ein beheizter Flüssigreaktor (60 – 100 °C), eine Art Waschflasche, in welcher der Dampf durch eine Kupfer(I)-Chlorid-Lösung geleitet wird, bevor er den Kühler erreicht. Dieser Flüssigreaktor kann auch mit anderen Dingen befüllt werden, um das Aroma vom Destillat anzureichern, z. B. zerkleinertes Obst oder Fruchtsaftkonzentrat, Himbeersirup usw. Für Kleinbrenner ist es wahrscheinlich am einfachsten, den Dom und die Kolonne (falls vorhanden) mit Kupferwolle komplett auszufüllen. Dies ist aber wie beschrieben nur notwendig, wenn Steinobstmaischen mit zerbrochenen Steinen gebrannt werden.

Bei den Dichtungen und auch beim Stopfen für das Thermometer sind keinesfalls „normale" Rotgummidichtungen geeignet. Der aggressive Alkoholdampf löst aus dem Gummi diverse Chemikalien heraus, und man würde einen „wunderbaren" Gummischnaps produzieren. Für das Thermometer sind daher nur Silikon- oder Korkstopfen geeignet. Als Dichtung der Anlage sind chemikalienresistente Dichtungsringe (meist schwarz oder grau) optimal, weil sie nicht direkt mit dem Alkoholdampf in Berührung kommen. Eine Notlösung wäre ein Teflonband für Wasserleitungen aus dem Baumarkt zu verzwirbeln und als Dichtung zu benutzen.

▲ Anbrennschutz

Kessel

Es ist nicht unbedingt notwendig, sich einen relativ teuren Doppelmantelkessel (siehe nächster Abschnitt) anzuschaffen. Der einzige Sinn eines Doppelmantelkessels ist, das Anbrennen der Maische zu verhindern. Dafür genügt jedoch ein festes Metallsieb bzw. -netz über dem Kesselboden vollkommen. Dies ist auf einem, der jeweiligen Kesselform angepassten, Metallgerüst mit einer Höhe von 3 bis 5 cm montiert und hat eine Maschenweite von ein paar Millimetern.

Wird das Ganze in den Kessel eingesetzt, und dieser anschließend mit Maische befüllt, kann es zu keinem Anbrennen mehr kommen. Um die Wirkung zu verbessern, ist der Einsatz zusätzlich mit Fliegengitter aus Metall überzogen (siehe Abb.). Manche Anlagen sind auch mit einem Rührwerk ausgestattet, aber diese Konstruktion macht die Anlage wiederum relativ teuer. Der oben erklärte Anbrennschutz funktioniert mindestens genauso gut.

Bei Anlagen mit einem Kesselvolumen größer als 10 Liter sind am Kessel meist Griffe angebracht, um so den Inhalt nach dem Brennen leichter entleeren zu können. Kessel mit 25 Liter Volumen oder mehr haben in der Regel einen Auslassstutzen knapp über dem Kesselboden. Je nach Anlagengröße hat dieser mindestens 5 bis 10 cm Durchmesser, damit nichts verstopft.

Heizung und Doppelmantelkessel

Je nach Preis, Größe und Ausstattung einer Schnapsbrennanlage ist der Kessel entweder mit offenem (Holz)feuer, einem Spiritus- oder Gasbrenner, elektrisch oder mit einem Doppelmantelsystem beheizbar. Bei Doppelmantelkesseln kann der Mantel selbst auch wiederum unterschiedlich beheizbar sein. Im Prinzip ist es egal, wie die

Maische zum Kochen gebracht bzw. am Kochen gehalten wird, solange die Heizung folgenden Kriterien entspricht:

- Die maximale Heizleistung soll dem Kesselvolumen entsprechen
- Die Maische darf nicht anbrennen
- Die Heizung soll stufenlos (auch bei kleiner Heizleistung) regulierbar sein und sollte vor allem sehr schnell reagieren

Um qualitativ hochwertige Brände herzustellen darf auf keinen Fall zu schnell destilliert werden, im Kessel soll es also nicht zu stark kochen, das Destillat somit, je nach Kesselvolumen, nur moderat aus dem Kühler herausrinnen. Bei Kleinanlagen bis zu 10 Liter Kesselvolumen entspricht dies schnellem Heraustropfen, so dass sich gerade noch kein Rinnsal bildet.

Um die Tropffrequenz bzw. den Destillatfluß möglichst präzise und rasch einstellen zu können, darf die (stufenlos regulierbare) Heizquelle also nicht träge sein wie z.B. eine elektrische Herdplatte, wo sich eine Veränderung der Heizleistung erst nach einigen Minuten auswirkt.

Ein Doppelmantelkessel hat über dem „normalen" (inneren) Kessel noch einen zweiten, der den kleineren umhüllt. In den Zwischenraum wird Wasser oder Öl eingefüllt, beim Erhitzen kann die Maische im inneren Kessel

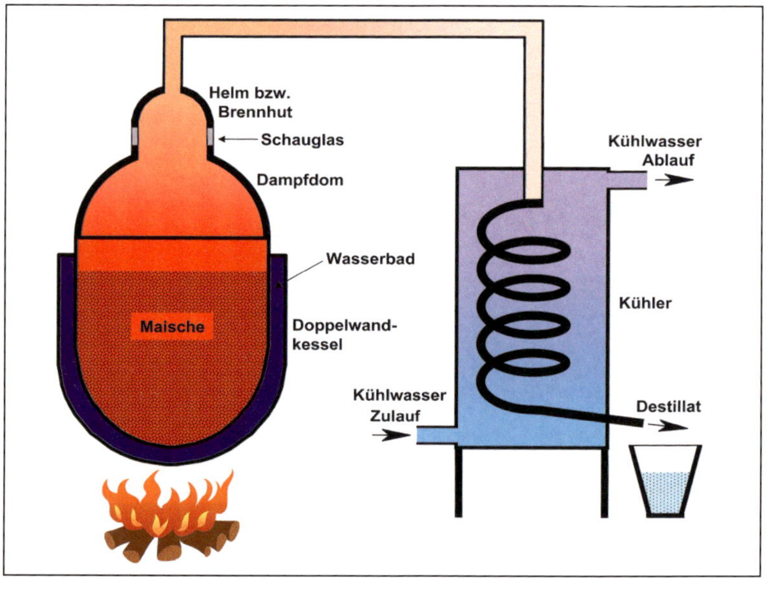

► Doppelmantel-kessel-Anlage

also nicht anbrennen. Dies ist auch der einzige Grund, warum ein Doppelmantel zum Einsatz kommt.

Bei manchen Anlagen ist der Doppelmantel offen. Bei Verwendung von Wasser kann damit nicht wirklich sinnvoll Schnaps gebrannt werden, weil die Manteltemperatur dann nur maximal 100 °C erreichen kann. Diese Temperatur reicht nicht aus, um eine Alkoholdestillation bis zum Ende durchzuführen. Es ist also nicht ratsam (quasi als Doppelmantelersatz) einen einfachen Kessel in ein Wasserbad zu stellen. Bei einem geschlossenen Doppelmantel baut sich beim Erhitzen hingegen ein Druck auf, ähnlich einem Druckkochtopf, wodurch die Manteltemperatur etwa 120 °C erreichen kann.

Nachteile: Einerseits der sehr hohe Anschaffungspreis, und andererseits ist das System sehr träge. Änderungen in der Heizleistung wirken sich zeitlich stark verzögert aus, ähnlich einer elektrischen Herdplatte, nur viel extremer. Daher sind professionelle Anlagen, wenn sie über einen Doppelmantelkessel verfügen, mit Kaltwasserdüsen ausgestattet, mit denen binnen Sekundenbruchteilen die Manteltemperatur geändert werden kann.

Um möglichst aromaschonend Schnaps zu brennen, sind als Heizquelle somit stufenlos regulierbare Spiritus- bzw. Gasbrenner in Kombination mit einem Anbrennschutz oder geschlossene Doppelmantelkessel mit Einspritzdüsen für Kaltwasser am besten geeignet.

Steigrohr, Geistrohr und Temperaturmessung

Für das Steigrohr und das Geistrohr existieren unterschiedliche Konstruktionsvarianten, je nachdem, wie im Anschluss der Kühler gebaut ist. In den meisten Fällen wird der Kühler seitlich des Kessels angebracht sein. Je nach Kessel führt direkt nach dem Deckel das Rohr bereits leicht abwärts geneigt zum Kühler (Var. 1) oder es ist kurz senkrecht nach oben gebaut (Var. 2), und erst danach knickt es nach unten ab (siehe Abbildung Seite 65).

Rektifikation = Mehrfachdestillation

Um den Aromaverlust beim Destillieren gering zu halten, ist bei Variante 2 das Steigrohr häufig recht kurz. Ein senkrechtes Rohr hat nämlich die Wirkungsweise einer

Rektifikation (= Mehrfachdestillation), was in Bezug auf das Aroma jedoch unerwünscht ist. Eine Rektifikation verbessert zwar die Trennung von Alkohol und dem Rest, d.h. der Alkoholgehalt im Destillat wird größer, so als ob mehrmals hintereinander destilliert würde (z.B. ein „doppelt Gebrannter“), aber durch diese exaktere Abtrennung bleibt zwangsläufig ein mehr oder weniger großer Teil der Aromen im Kessel zurück. Viele Destillen sind mit einem hohen Helm, langem Steigrohr und/oder schräg ansteigenden Geistrohr ausgestattet. Dies hat den Nachteil, dass sich ein Rektifikationseffekt und damit Aromaverlust ergibt.

Der Durchmesser des Steig- bzw. Geistrohres darf nicht zu klein sein, vor allem direkt nach dem Kesseldeckel. Bei Anlagen bis 20 Liter sollte der Durchmesser mindestens 1 – 3 cm betragen. Das Rohr kann zum Kühler hin auch konisch (kegelförmig) zusammenlaufen. Viele Schnapsbrennanlagen sind sehr oft mit einem zu dünnen Geistrohr ausgestattet. Je kleiner der Durchmesser und je länger das Rohr, desto größer ist der anlagenspezifische Druckverlust, d.h. umso mehr Widerstand muss der Dampf überwinden, um zum Kühler zu gelangen. Dadurch erhöht sich der Druck im Kessel, wodurch wie in einem Druckkochtopf die Siede- bzw. Dampftemperatur ansteigt. Je höher allerdings die Temperatur ist, desto mehr Aromastoffe werden zerstört (zerkocht). Aus diesem Grund und auch weil sonst Explosionsgefahr besteht, darf der Betrieb einer Anlage immer nur vollkommen drucklos erfolgen. Um Rektifikationseffekte zu vermeiden, ist das Geistrohr möglichst breit und so kurz wie möglich sowie schräg nach unten führend.

Ein weiterer entscheidender Teil der Anlage ist das Dampfthermometer. Gemäß einem Fachartikel aus dem Jahr 2011 von Herrn Dipl.-Ing. O. Jung (Universität Hohenheim) kann die Abtrennung des Nachlaufes viel einfacher und sicherer mit einem Dampfthermometer erfolgen als mit der bislang dafür üblichen Alkoholgehaltsmessung in der Vorlage (Auffanggefäß nach dem Kühler). Letztere Methode entspricht nicht mehr dem Stand der Technik. Auch wir beschreiben seit nahezu 20 Jahren die richtige Abtrennung des Vor- und Nachlaufs mit Hilfe eines Dampfthermometers.

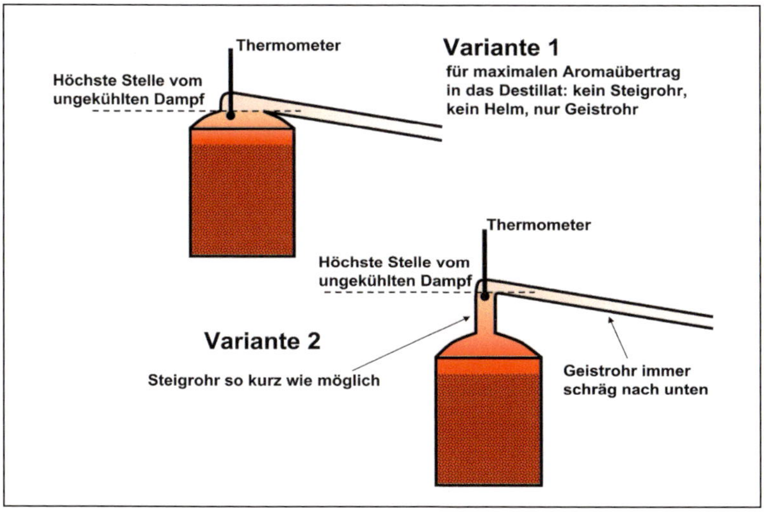

◀ Unterschiedliche Varianten für den Aufbau des Steig- und Geistrohres

Ohne Thermometer, welches die Dampftemperatur misst, kann der Vor- und Nachlauf nur ungenau durch Messung des Alkoholgehaltes vom Destillat oder überhaupt nur rein nach Geschmack/Geruch abgetrennt werden.

Wie später im Kapitel „Brennen" detailliert beschrieben, ist der Siedepunkt bzw. die Dampftemperatur abhängig vom Alkoholgehalt. Je geringer der Alkoholgehalt im Kessel, desto höher ist der Siedepunkt. Mit einem Dampfthermometer wird somit der Alkoholgehalt des Destillats während des Brennvorgangs kontinuierlich gemessen, genau so, als würde man dies nach dem Kühler mit einem Alkoholometer in der Vorlage tun.

Das Thermometer ist bei vielen Anlagen aber leider an der falschen Stelle angebracht. Der Alkoholgehalt im Dampf und damit auch die Dampftemperatur hängen von der Höhe des Messpunktes ab: Nur die Temperatur vom höchsten Punkt, den der ungekühlte Dampf in der Anlage erreicht, entspricht dem Alkoholgehalt vom Destillat. Dies ist bei herkömmlichen Anlagenkonstruktionen die Unterkante vom höchsten Teil des Geistrohres (siehe vorherige Abbildung). Nur an diesem Punkt ist die richtige Dampftemperatur messbar. Tiefere Messstellen führen zu höheren Temperaturen, der Unterschied kann sogar 10 °C oder mehr betragen.

Die Dampftemperatur ist im beschriebenen Punkt vollkommen unabhängig von der Konstruktion der Anlage bzw. vom Anlagentyp, somit können die Messwerte mit Literaturangaben oder mit anderen Brennanlagen verglichen werden. Die Messkugel bzw. der Messpunkt muss vom Dampf umspült sein, sich also nicht in einem toten Winkel befinden. Geht das Geistrohr direkt aus dem Kessel heraus, kann das Thermometer auch ganz oben im Kessel angebracht sein. Die richtige Temperaturmessstelle ist in der Abbildung für beide Varianten angegeben.

Es hat sich gezeigt, dass gläserne Stabthermometer immer noch die einfachsten und zugleich hinreichend genauen Thermometer sind, um beim Schnapsbrennen die Dampftemperatur zu messen, zumindest wenn die Skaleneinteilung auf ganze Grad Celsius genau angegeben ist und zwischen zwei Skalenstrichen ein halbes Grad mühelos abgeschätzt werden kann. Der Messbereich sollte nicht größer sein als bis 110 °C, denn je größer dieser Bereich, desto ungenauer der Messwert. Runde Bimetall-Thermometer (Heizungsthermometer), mit denen viele Anlagen ausgestattet sind, haben sich als nicht zweckmäßig erwiesen, denn deren Ungenauigkeit ist einfach viel zu groß. Digitalthermometer sind immer nur so genau wie das angeschlossene Thermoelement, die vielen Kommastellen täuschen eine größere Genauigkeit nur vor. Der genaue Messbereich des Thermoelements sollte idealerweise etwa zwischen 50 und 110 °C sein. Hinweis für batteriebetriebene Digitalthermometer: Die angezeigte Temperatur hängt von der Spannung ab, diese wiederum vom Alter der Batterie. Bereits bei nur zu einem Drittel entleerten Batterien ist die angezeigte Temperatur um ca. 3 °C zu hoch.

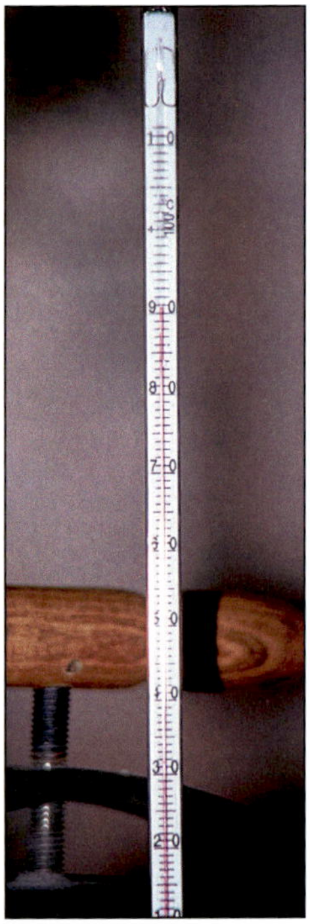

▲ Beim Thermometer sollte man darauf achten, dass die Skala auf ½ Grad genau ablesbar ist.

Kühlung

Nach dem Geistrohr kondensiert der Dampf im Kühler, hier bildet sich das Destillat bzw. der Schnaps. So genannte „Schlangenkühler“ sind wegen ihrer guten Kühlleistung sehr weit verbreitet. Dieser Kühlertyp besteht aus einem Gefäß für das Kühlwasser und einem spiralförmig gebogenem Rohr (= die Kühlschlange) im Inneren. Die Spirale ist vertikal angebracht, somit tritt der Dampf vom Geistrohr kommend an der höchsten Stelle in die Kühlschlange ein, wird – während er nach unten wandert – abgekühlt, kondensiert und verlässt als Flüssigkeit an der tiefsten Stelle wieder das Rohr.

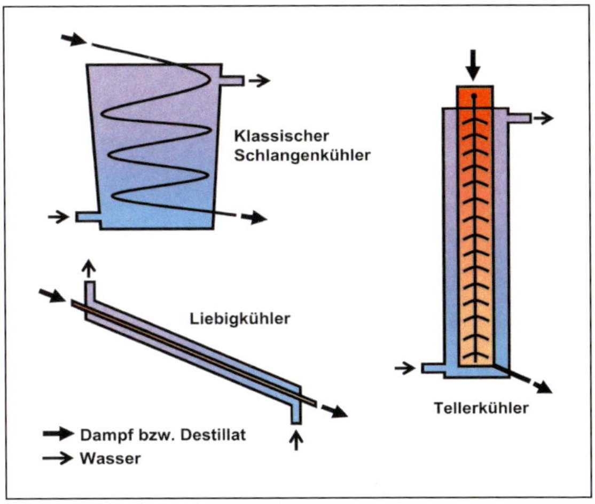

▲ Unterschiedliche Kühlertypen

Der Innendurchmesser der Kühlschlange ist bei den meisten Anlagen kleiner als das Geistrohr. Da das spezifische Volumen der Flüssigkeit um ein vielfaches kleiner als das vom Dampf ist, benötigt die Flüssigkeit daher auch viel weniger Platz. Zu dünn darf die Kühlschlange trotzdem nicht sein, sonst wird beim Betrieb der Anlage der Kühler geflutet, und in der Anlage entsteht ein Überdruck.

Für die Kühlwirkung entscheidend ist die Länge der Kühlschlange und das Volumen des Kühlgefäßes. Insbesondere bei kleineren Anlagen tritt häufig das Problem auf, dass die Kühler zu klein dimensioniert sind. Auch wenn solche Kühler an die Wasserleitung angeschlossen werden, gelingt es nicht, den Dampf vollständig zu kondensieren. Die Folge: statt dass der Schnaps aus dem Kühler heraustropft, dampft es nur heraus. Auch bei Kleinanlagen mit einem Kesselvolumen von etwa 2 Liter sollte die Kühlschlange zumindest 1 m lang sein, wenn das Kühlgefäß ein Volumen von ca. 1 Liter hat. Die Spirale sollte kontinuierlich nach unten verlaufen und keine Dellen haben, sonst spuckt die Anlage beim Destillieren.

▼ Komplette Anlage mit Kühlung

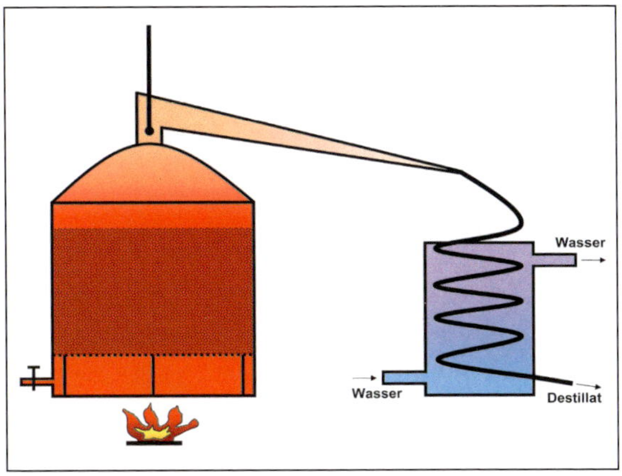

Eine Alternative zum vorher beschriebenen Kühlertyp ist bei Kleinanlagen der „Liebigkühler“, benannt nach dem Erfinder dieses Kühlers. Es handelt sich dabei um ein gerades, schräg nach unten geführtes, ummanteltes

Rohr. Dieser Kühler ist relativ einfach zu reinigen, allerdings ist für den Betrieb fließendes Wasser notwendig.

Großanlagen sind des öfteren mit einem „Tellerkühler" ausgestattet. Ebenso wie der Schlangenkühler wird auch dieser Typ vertikal betrieben. Die Kühlleistung ist zwar nicht so effektiv wie bei den beiden anderen Kühlertypen, dafür lässt er sich einfach reinigen, da der Innenteil, das Gestänge mit den Tellern, herausgenommen werden kann. Meist sind Brennanlagen mit einem Kupfer- oder Stahlkühler ausgerüstet. Im Fachhandel werden jedoch auch gläserne Kühler unterschiedlichster Bauart angeboten, die mit gasdichten Normschliff-Verbindungen mit dem Destillierkolben verbunden werden können.

Verschiedene Anlagentypen

pot still und reflux

Beim Destillationsverfahren gibt es zwei verschiedene Arten: die einfache Destillation (= *pot still*) und die Rektifikation oder Rückflussdestillation (= *reflux*). Bei der einfachen Destillation wird das Brenngut im Kessel zum Kochen gebracht und der sich bildende Dampf sofort wieder abgekühlt (kondensiert), es erfolgt also ein einziger Aufheiz-Abkühl-Schritt. Bei einer Rektifikationsanlage befindet sich über dem Kessel ein langes senkrechtes Rohr. Dieses bewirkt, dass darin der Dampf mehrere Male hintereinander kondensiert und wieder verdampft wird, es kommt also zu mehreren Destillations-Schritten (siehe Seite 71).

Diese beiden Verfahren führen zu zwei unterschiedlichen Ergebnissen: bei einer *einfachen Destillation* ist die Trennung Alkohol/Wasser nur mittelmäßig, daher lässt sich ein z.B. 12 %vol-Alkohol-Wasser-Gemisch (= Wein) in dieser Anlage nur auf ca. 50 %vol aufkonzentrieren. Diese „nicht perfekte" Abtrennung ist für die Herstellung von geschmackvollem Schnaps unbedingt erforderlich. Denn bei einer perfekten Abtrennung würden auch die Aromen im Kessel zurückbleiben. Im Gegensatz dazu ist es mit einer *Rektifikation* möglich, aus 12 %vol Wein über 90 %vol Alkohol in einem Arbeitsgang herzustellen, allerdings mehr oder weniger geschmacklos, da die Aromen ebenfalls abgetrennt werden.

Kleinbrennanlagen nach Schmickl: 0,5, 5 oder 7,8 Liter (pot still)

Alle folgenden Modelle entsprechen den unter „Kauf einer Anlage“ angegebenen Kriterien. Beim Modell „Classic“ (5 Liter) dauert ein Brennvorgang mit dem Gasbrenner ca. 45 Minuten. Damit kann man, je nach Alkoholgehalt des Brenngutes, 1,5 bis 4 Liter Schnaps je Vorgang erzeugen. Das Modell „Deluxe“ (7,8 Liter) ist mit einem Gasbrenner und das Modell „Vetro“ (0,5 Liter) mit einem Spiritusbrenner ausgestattet.

Durch den Anbrennschutz ist es nicht notwendig, die Maische vor dem Brennen zu filtrieren. Dadurch gibt es viel weniger Aromaverlust, da die festen Bestandteile (Schalen, Fruchtfleisch) in der Regel sehr geschmackvoll sind.

Der Aromakorb dient zur Herstellung eines Geistes (siehe Kapitel 7). Beim Destillieren nimmt der Alkoholdampf die Aromastoffe aus den Früchten oder Kräutern im Korb auf und man erhält einen ausgezeichneten Geist.

Das Thermometer hat einen Bereich von 0 bis 110 °C und ist auf ½ Grad genau ablesbar. Der Messpunkt befindet sich genau an der höchsten Stelle des noch nicht abgekühlten Dampfes, es wird somit die richtige Dampftemperatur gemessen.

Bei der „Classic“ oder „Deluxe“ besteht die Kühlung aus einer Kupferspirale und einem Kupferbehälter, bei der „Vetro“ ist dieser Anlagenteil aus Glas. Mittels der Ein- und Auslassstutzen kann bei allen Modellen für das Kühlwasser eine Wasserleitung oder eine kleine Umwälzpumpe angeschlossen werden. Der Kühlbehälter ist bei der „Classic“ und „Deluxe“ oben offen, dadurch kann man diesen beispielsweise auch mit Eiswasser befüllen, eine Kühlwasserzirkulation ist nicht unbedingt notwendig.

Die Anlagen können sowohl zum Destillieren von Maische, Bier, Wein und angesetzten Kräutern als auch zur Herstellung von Geisten und ätherischen Ölen (siehe Kapitel 7 und 8) verwendet werden.

▼ ► 2- und 5-Liter-Anlage nach Schmickl, „Classic“.

0,5-Liter-Anlage ► nach Schmickl, Modell „Vetro“

7,8-Liter-Anlage nach Schmickl, Modell „Deluxe"

Zusammenbau und Einsetzen des Aromakorbs in die Anlage

Rückfluss- oder Rektifikationsanlagen (reflux)

Wie bereits zu Beginn erwähnt, handelt es sich bei der Rektifikationsanlage um ein Gerät, in dem mehrere Destillationen hintereinander in einem Arbeitsgang ablaufen. Dies geschieht in einer sogenannten Kolonne. Die einfachste Kolonne ist ein dünnes, hohles, senkrechtes Rohr zwischen Kessel und Kühlung. In diesem Rohr steigt der Dampf auf, kondensiert nach ein paar Zentimetern an der Wand, wird

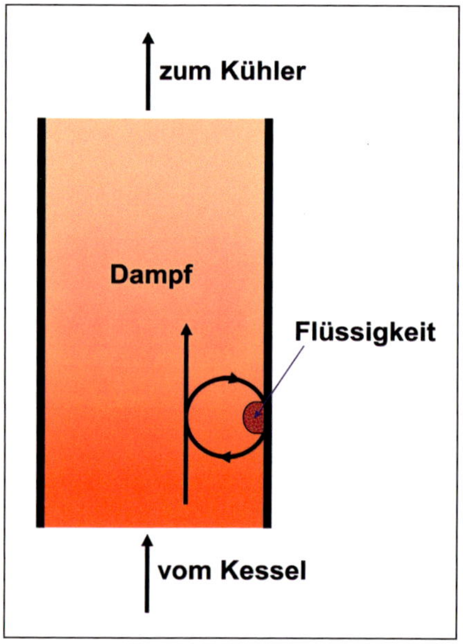

▲ Das Prinzip der Rektifikation

durch den nachkommenden heißen Dampf wieder verdampft, kondensiert ein paar Zentimeter höher wieder, wird wieder verdampft, kondensiert wieder usw. Jede Verdampfen-Kondensieren-Schleife ist nichts anderes als eine einfache Destillation. Bis der Dampf oben angekommen ist, hat er viele solcher Schleifen durchlaufen und wurde somit ebenso oft destilliert. Weil Verdampfen Energie benötigt und Kondensieren Energie freigibt, funktioniert dieses Prinzip am allerbesten, wenn sich zwischen beiden ein Gleichgewicht einstellt, die Kolonne somit gut isoliert ist, sodass kein Wärmeaustausch mit der Umgebung stattfinden kann. Daher sind Rektifikationskolonnen in chemischen Labors genauso wie Thermoskannen von einem verspiegelten, doppelwandigen Glasgefäß umgeben, in welchem ein Vakuum besteht. Zusätzlich kann am Kolonnenkopf mit einem Ventil das Rückflussverhältnis eingestellt werden. Dies ist das Verhältnis aus der Anzahl zurückgeleiteter Destillattropfen zur Anzahl abgeleiteter Destillattropfen. Bei größeren Anlagen ist dies das Verhältnis der jeweiligen Durchflussmengen. Je mehr Destillat in die Kolonne zurückgeleitet wird und je geringer der Anteil ist, der die Anlage verlässt, desto schärfer ist die Trennung von Alkohol und dem Rest, somit desto hochprozentiger und geschmacksneutraler das Ergebnis.

Je öfter destilliert wird, desto schärfer und exakter ist die Trennung des Alkohol-Wasser-Gemisches, desto reiner und konzentrierter ist also das Destillat. Wenn das Rohr lang genug ist, verlässt geschmackloser Alkohol oben die Kolonne mit 96 %vol. Weil dies der azeotrope Punkt ist (siehe Seite 78), kann destillativ nicht weiter aufkonzentriert werden.

Die bei der Rektifikation entstehende Schleife (= Verdampfen – Abkühlen – Verdampfen) wird auch „Boden" genannt. Je mehr theoretische Böden eine Kolonne hat, desto besser ist ihre Trennleistung. Befinden sich im Rohr Füllkörper, z. B. Raschig Ringe (kurze, kleine Glasröhrchen), Wilson-Spiralen (kurze, kleine Spiralfedern),

Schraubenmuttern, Stahl- bzw. Kupferwolle, Packungen (beispielsweise starre, dünne Metallgitter, die übereinander gestapelt werden) oder andere Einbauten, wird die Trennleistung pro Meter Kolonne erhöht. Bei professionellen Schnapsbrennanlagen können so genannte Glockenböden zugeschaltet werden, d.h. Großbrennereien stellen ihren „Doppeltgebrannten" immer in nur einem Arbeitsschritt her.

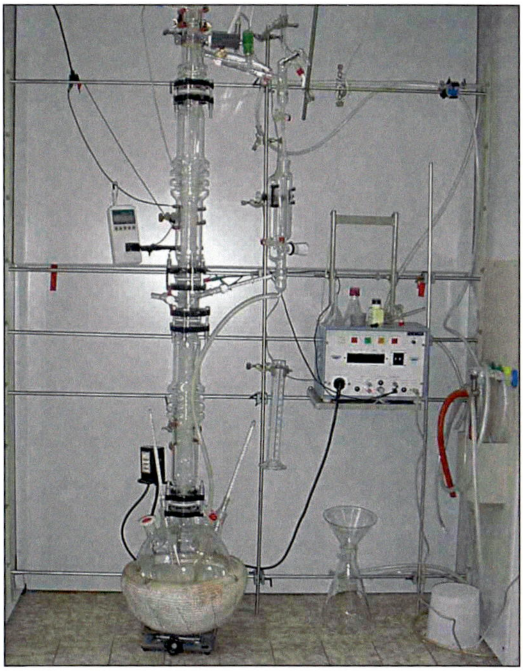

▲ Rektifikations- oder Rückflussanlage

In einigen Gebieten hat es sich noch nicht herumgesprochen, dass ein klarer, mit großem Arbeitsaufwand hergestellter Qualitätsobstbrand nicht gedacht ist, um schnellstmöglich betrunken zu werden, sondern wie ein guter Wein zum Genießen einlädt. Daher sind Anlagen, die geschmacklosen „Sprit" erzeugen in einigen Ländern weit verbreitet, und der Alkohol wird nachträglich mit chemisch hergestellten Essenzen versetzt.

Wir möchten jedoch soviel wie möglich (natürliches) Aroma im Schnaps behalten, somit sind diese Kolonnen für unsere Zwecke völlig ungeeignet.

Kombinationsanlagen

Es gibt professionelle Anlagen, die sowohl als *pot still* betrieben werden können, als auch die Möglichkeit haben, jederzeit eine Rektifikationskolonne zuzuschalten. Solche Anlagen verfügen meist über eine integrierte Doppelmantelheizung und eine computerisierte Steuerung.

Großanlagen (pot still und reflux)

Die Whiskydestillerien in Schottland sind überwiegend als einfache Destillationen ausgeführt, im Gegensatz dazu verwenden die großen Rumdestillerien in der Karibik Rektifikationskolonnen.

Kombinations-anlage (Beispiel Arnold Holstein) ►

▼ Einfache Destillation in Schottland (unten rechts); Rektifikation in der Karibik (unten links)

Zum Umgang mit der Anlage

Befüllen

Sie sollten den Brennkessel *niemals* bis zum Rand befüllen. Es würde alles überlaufen und eventuell auch das Steig-, Geistrohr oder den Kühler verstopfen. Sollte dies dennoch einmal passieren, dann stoppen Sie *sofort* den Brennvorgang und reinigen die Anlage gründlich. Denn schon ein kleiner Fruchtteil kann die Anlage verstopfen, es besteht Explosionsgefahr.

Wenn Sie mit einem Anbrennschutz arbeiten, geben Sie diesen zuerst in den Kessel und schütten dann die Maische (unfiltriert) hinein.

▲ Den Kessel mit der Maische niemals bis zum Rand füllen.

Tipp

Bei sehr breiigen Maischen wie z.B. Apfel oder Marille reicht der Anbrennschutz alleine manchmal nicht aus. Legen Sie in diesem Fall ein Blatt Küchenrolle darüber, bevor die Maische eingefüllt wird.

Es macht nichts, wenn sich in der Maische noch gelöster Restzucker befindet. Weil dieser nicht verdampfen kann, bleibt er beim Brennen zurück.

Bei größeren Anlagen ist es auch sinnvoll, die Maische vorher aufzuwärmen, so kann sich die Brenndauer enorm verkürzen.

Auffanggefäß für das Destillat

Das Auffanggefäß für den Schnaps sollte sich immer in einem kleinen Abstand zum Auslass des Kühlers befinden, so dass es niemals zur kompletten Dichtheit der Anlage kommen kann und ein Druckausgleich mit der Umgebung gewährleistet ist. Oft wird fälschlicherweise an den Auslass des Kühlers ein Schlauch und dieser in eine Flasche gesteckt, damit „vom Destillat nichts verdunstet". Dies ist gefährlich, denn in der Apparatur könnte ein Überdruck entstehen und die Anlage schlimmstenfalls in die Luft flie-

▲ Wechseln des Auffanggefäßes

gen. Abgesehen davon verbessert sich die Schnapsqualität gerade wenn das Destillat mit Luft in Kontakt kommt. Es kann nichts vom Destillat verdunsten, wenn richtig gekühlt wird. Das Destillat muss immer kalt sein, nicht lauwarm. Kommt dies dennoch vor, müssen Sie mehr Kühlwasser zirkulieren lassen – oder die Kühlung ist zu klein dimensioniert.

Entleeren und Reinigen

Nach jedem Brennvorgang ist der Kessel gut mit Wasser zu reinigen. Im Kessel kommt es oft zu schwarzen Ablagerungen und Verfärbungen (Krusten oder Feststoffe sind hier nicht gemeint), diese sind nur ein optisches Problem. Haben Sie eine Kupferbrennanlage und möchten diese wieder auf Hochglanz bringen, so eignen sich dazu besonders „Brillo"-Schwämmchen (kleine Metallschwämmchen mit Putzmittel darauf). Für die Kühlschlange ist Entkalker sehr dienlich. Auch Zitronensäure gelöst in heißem Wasser ist ein hervorragendes Putzmittel (ca. 100 g/l).

Ist Ihre Anlage *neu*, empfiehlt sich vor dem ersten Test eine gründliche Reinigung. Zuerst gut mit Spülmittel reinigen, um restliche Fette, Öle und Metallspäne zu beseitigen. Für schwer zugängliche Stellen verwenden Sie dünne Bürsten mit einem biegsamen Draht. Oder Sie reinigen die Anlage mit Aceton, da dies mit Wasser sehr gut mischbar ist, aber zugleich stark fettlösende Eigenschaften hat. Das Aceton anschließend mit Spülmittel und Wasser auswaschen. Die Anlagen können auch mit Soda gereinigt werden oder einem Brei aus Maismehl, Salz und Essig.

Im Zweifelsfall brennen Sie das erste Mal einen alten (schlechten) Wein, bei dem es egal ist, wenn nichts daraus wird. Bei manchen Anlagen sind zehn oder mehr Testläufe notwendig, bevor auf dem Schnaps kein Film aus Lötfett mehr zu sehen ist.

Kapitel 4

Brennen

Einleitung

In diesem Kapitel besprechen wir, wie aus der Maische das Destillat gewonnen wird.

Ethanol und Wasser können nur deshalb destillativ voneinander getrennt werden, weil sie unterschiedliche Siedepunkte haben. Ethanol siedet bei 78,5 °C und Wasser bei 100 °C. Das heißt, wird ein Wassertopf bei 1 atm Luftdruck (Meereshöhe) auf den Herd gestellt, steigt die Wassertemperatur so lange, bis 100 °C erreicht sind. Dann beginnt das Wasser zu kochen, die Temperatur steigt nicht weiter an, egal wie stark die Heizung ist. Erst wenn das ganze Wasser verdampft ist (je stärker die Heizung, desto schneller verdampft das Wasser), steigt die Topftemperatur (Wasser gibt es ja keines mehr) weiter an. Das Gleiche, nur bei 78,5 °C, passiert bei Ethanol.

Wird ein Ethanol-Wasser-Gemisch erhitzt, beginnt dieses nicht – wie reiner Ethanol – bei 78,5 °C zu kochen, sondern erst bei einer höheren Temperatur. Die Mischung hat, wie eine reine Flüssigkeit, eine eigene fixe Siedetemperatur, die irgendwo zwischen 78,5 und 100 °C liegt, je nachdem ob mehr Wasser oder Alkohol vorhanden ist. Das heißt also, die Siedetemperatur/Dampftemperatur ist abhängig vom Alkoholgehalt. Diesen Zusammenhang nutzt z.B. das Ebulliometer. Mit diesem Messgerät wird der Alkoholgehalt von alkoholischen Getränken aufgrund der Siedetemperatur bestimmt. Der Vorteil dabei: gelöster Zucker verfälscht nicht so sehr den Messwert, wie dies beim Aräometer der Fall ist. Leider ist dieses Messgerät ziemlich teuer.

▼ Ebulliometer zur Bestimmung des Alkoholgehalts über den Siedepunkt

Einen Unterschied im Vergleich zum Verhalten von reinen Flüssigkeiten gibt es beim Alkohol-Wasser-Gemisch aber schon: Der Alkoholgehalt ist in der Regel im Dampf nicht derselbe wie in der kochenden Alkohol-Wasser-Mischung. Der niedriger siedende Ethanol reichert sich im Dampf an, das heißt auch der Dampf ist eine Mischung, allerdings mit einem höheren Alkoholgehalt. Genau diesen Effekt nutzen wir beim Schnapsbrennen: Wird der Dampf wieder abgekühlt, hat das Kondensat (der Schnaps) einen höheren Alkoholgehalt als im Kessel ursprünglich vorhanden war. Dies funktioniert bis 96 %vol, dann ist der Alkoholgehalt im Dampf derselbe wie in der Flüssigkeit, d.h. eine weitere destillative Trennung ist unmöglich. In der Chemie wird dieser Zustand „Azeotroper Punkt" genannt.

Prinzipiell sollten Sie wissen, dass aus einer schlechten Maische *niemals* ein guter Schnaps werden kann. Auch die schönste und beste Anlage kann dann nichts mehr retten. Nur eine gute Maische ergibt auch einen guten Edelbrand!

▼ Modifiziertes T-X-Y-Diagramm: Bei herkömmlichen T-X-Y-Diagrammen ist der Alkoholgehalt in Stoffmengenanteil bzw. Molenbruch angegeben. Zur leichteren Ablesbarkeit wurden diese Werte hier umgerechnet in %vol.

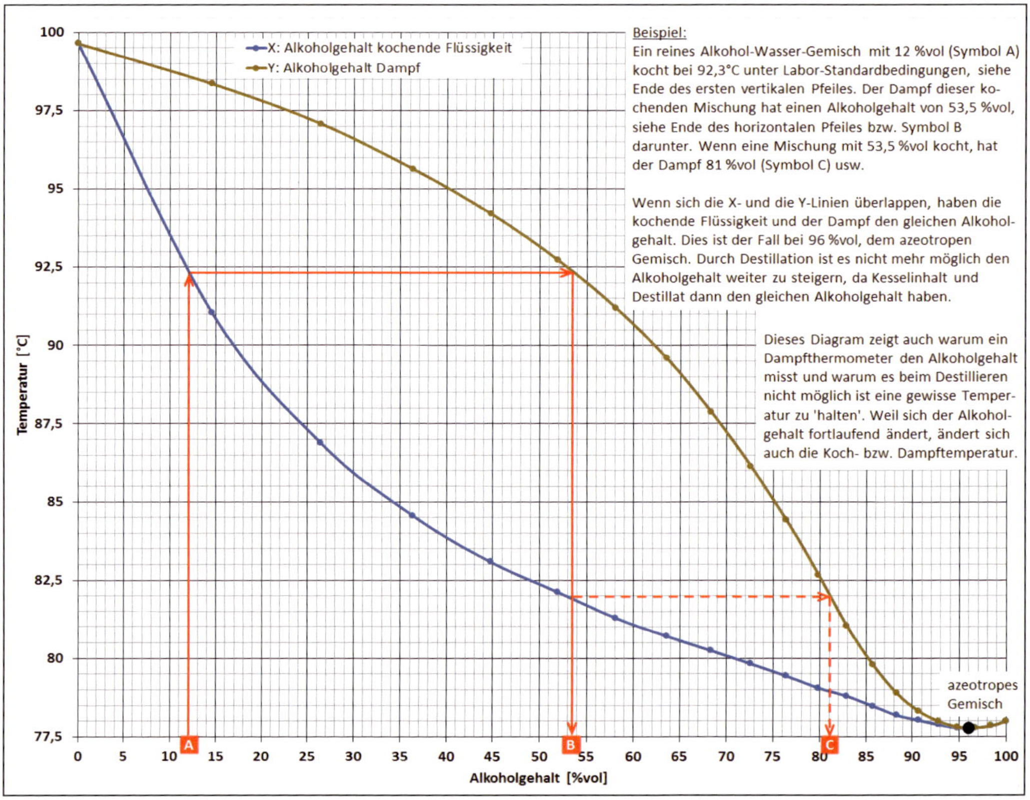

Das Destillieren der Maische hat den Zweck, die Fruchtaromen und den Alkohol vom Rest (= zersetzte, teilweise noch feste Bestandteile der Frucht; abgestorbene Hefen; Farbstoffe; Wasser; gelöste Feststoffe wie Zucker usw.) abzuscheiden, wodurch der Alkohol aufkonzentriert wird. Dabei entstehen die drei Fraktionen Vorlauf, Edelbrand (Mittellauf) und Nachlauf, wobei die Kunst darin liegt, diese richtig voneinander zu trennen.

Vorlauf

Dies ist der erste Teil, der beim Destillieren heraustropft, da er die geringste Dampftemperatur hat. Vorlauf entsteht durch Fehlgärungen. Haben Sie unsauber gearbeitet, erzeugen faule Früchte, Stängel, Blätter und andere Verunreinigungen u.a. den Vorlauf. Je sauberer die Früchte und Ihre Arbeitsweise, desto geringer wird der Vorlauf ausfallen.

Der Grund für Fehlgärungen und damit Vorlaufbildung sind falsche Mikroorganismen. Es gibt die unterschiedlichsten Arten von Bakterien/Pilzen, aber nur eine bestimmte davon produziert Alkohol. Befinden sich die Falschen in der Maische, durch faules Obst oder Bakterien aus der Luft, so produzieren diese unerwünschte Gärprodukte wie z.B. Acetaldehyd, Ethylacetat, Butanol, Aceton, Essigsäure, Buttersäure, Hexanol usw. Da diese Substanzen zu Geschmacksbeeinträchtigungen führen und teilweise giftig sind, sollte deren Bildung unbedingt vermieden werden. Neben Sauberkeit kann das Aufsetzen eines Gärspundes die Vermehrung dieser Mikroorganismen weitgehend unterdrücken. Die Zugabe von Reinzuchthefe bewirkt außerdem, dass sich nur der „richtige" Stamm vermehrt.

In Zusammenhang mit Vorlauf fällt immer wieder der Begriff Methanol. Wie auf Seite 13 und 16 bereits beschrieben, ist Methanol giftig und entsteht bei der Gärung u.a. durch holzige Verunreinigungen der Maische. Die Entstehung von kleinsten Mengen Methanol läßt sich bei Obstmaischen nicht verhindern, dies ist jedoch kein Problem.

Bei sauberen Maischen ist der Methanolgehalt somit vernachlässigbar gering. Wie ebenfalls bereits beschrieben, sollte man Methanol nicht mit Vorlauf verwechseln. Zwar ist Methanol im Vorlauf auch enthalten, wenn sich in der Maische jedoch eine nennenswerte Menge davon gebildet hat, verteilt sich diese über alle drei Fraktionen Vor-, Mittel- und Nachlauf. Brände mit einem hohen Methanolgehalt schmecken auffallend scharf, wie z.B. der Tresterbrand (siehe Kapitel 5).

Abhängig von der Art des Destillates beträgt der maximal erlaubte Methanolgehalt 1000 – 1500 g pro 100 Liter reinem, 100 %igem Ethanol. Unter normalen Bedingungen, wenn die Früchte so vergoren wurden wie beschrieben, werden diese Werte nicht erreicht. Manchmal wird nach dem „Genuss" von hochprozentigem Alkohol von Todesfällen berichtet. Ausnahmslos alle Fälle beruhen auf Industrie-Methanol, meist auf illegalem Wege besorgt, pur oder vermischt mit schwarzgebranntem Schnaps in Umlauf gebracht. Die Betrüger kennen oft nicht den Unterschied zwischen Ethanol und Methanol und wie gefährlich Letzterer ist. Das Gegengift zu Methanol ist interessanterweise Ethanol, daher wird in solchen Vergiftungsfällen Ethanol intravenös verabreicht. Ist nicht lustig, auch wenn es den Anschein hat.

Methanol kann in Anwesenheit von Ethanol nicht direkt nachgewiesen werden, sondern nur über chemische Reaktionen. Eine Möglichkeit ist die Methode nach Denigés: die Oxidation von Methanol mit Kaliumpermanganat zu Formaldehyd und dessen Nachweis mit dem Schiffschen Reagenz (Fuchsin-Farbstoff). Basierend auf dieser Methode wird von der Leo Kuebler GmbH ein komplettes Analyseset für Kleinbrenner angeboten, unter dem Namen ***„Vinoquant 13-Methanoltest"***.

Der Vorlauf besteht zum größten Teil jedoch nicht aus Methanol, sondern unter anderem aus Ethylacetat. Deswegen hat der Vorlauf auch den unverkennbaren Klebstoffgeruch, weil dieses Lösemittel vor allem in der Lack- und Klebstoffindustrie eingesetzt wird.

Ein anderer Hauptbestandteil vom Vorlauf ist Acetaldehyd. Da dies ein Zwischenprodukt der alkoholischen Gä-

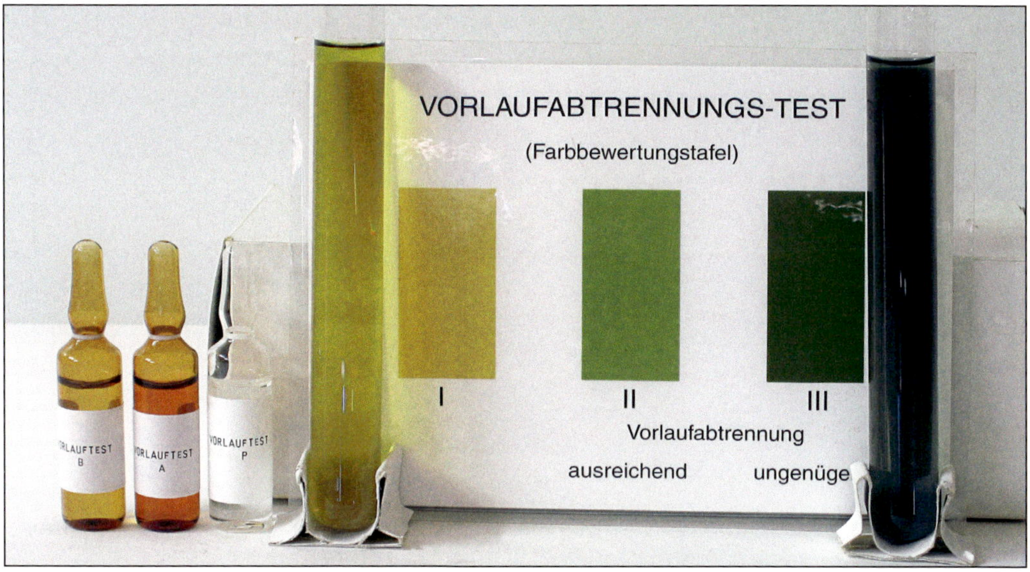

▲ Vorlaufabtrennungstest nach Pieper, von links nach rechts:
3 Ampullen mit den Test-Chemikalien
Reagenzglas 1: Test vom fertigen Brand einer sauberen, hochgradigen Maische. Maischebehandlung und Brennvorgang gemäß den beschriebenen Anleitungen.
Farbtafel: I, gelb: Probe ist vollkommen in Ordnung
II, hellgrün, „ausreichend“: Probe enthält eine geringe Menge Vorlauf
III, dunkelgrün, „ungenügend“: Probe enthält sehr viel Vorlauf
Reagenzglas 2: Test vom fertigen Brand einer Wildgärung. Der Schnaps wurde zwar mit (unzureichender) Vorlaufabtrennung doppelt gebrannt, aber trotzdem ist eine erhebliche Menge Vorlauf enthalten. Diese Farbe ist bei solcherart hergestellten Bränden leider die Regel.

rung ist, baut es sich bei entsprechend langer Lagerung der Maische auch komplett ab.

Ob ein Destillat Vorlauf enthält, kann auch mit einem ***Vorlaufabtrennungstest nach Pieper*** (C. Schliessmann Kellerei-Chemie GmbH & Co.KG) festgestellt werden. Hier zeigt ein Farbumschlag an, wie viel Acetaldehyd enthalten ist. Dazu werden ein paar Milliliter des Destillates mit Chemikalien aus drei Ampullen vermischt. Nach dem Schütteln bekommt die Flüssigkeit eine Farbe und mit Hilfe einer beiliegenden Farbtafel werden eventuelle Verunreinigungen und deren Konzentration festgestellt. Wenn Sie geschwefelten Wein destillieren, kann dieser Test nicht verwendet werden, da ein falscher Farbumschlag auftritt.

Fazit: Sauberes Arbeiten, Reinzuchthefen, Säureschutz, Gärspund und Lagerung der Maische können Vorlauf komplett verhindern bzw. minimieren.

Die Alkoholkonzentration ist zu Destillationsbeginn sehr hoch, meist über 80 %vol, daher riecht der erste Teil des Destillates scharf-stechend. Verwechseln Sie das nicht mit dem typischen Kleber-Vorlaufgeruch! Im Zweifelsfall verdünnen Sie die Probe grob geschätzt 1:1 mit Wasser, dann sollte das Stechen in der Nase weg sein und der Klebstoffgeruch – sofern vorhanden – deutlicher hervortreten.

Den Vorlauf selbst können Sie nicht weiterverwenden, da er zu viele giftige Substanzen enthält. Er eignet sich allenfalls zum Fensterputzen.

Edelbrand

Die nächste Fraktion, der Mittellauf bzw. „Edelbrand" beinhaltet den gewünschten Alkohol, also Ethanol sowie die entsprechenden Geschmack- und Aromastoffe der Maische. Im übernächsten Abschnitt werden Sie lernen, wie Sie diesen Teil einfach vom Vorlauf abtrennen können. Bei hochgradigen, sauberen Maischen ist der Edelbrand die bei weitem größte Fraktion und hat einen Alkoholgehalt von etwa 55–57 %vol.

Nachlauf

Dieser Teil ist nicht giftig, er entsteht aus Produkten, die sich durch das lange Kochen einfach zersetzt haben. Das ist auch der Grund, warum wir diesen Anteil zu geschmacklosem Alkohol weiterverarbeiten können, welcher sich ausgezeichnet zum Ansetzen eignet. Auch hier ist der Geruch und Geschmack typisch: Das Destillat riecht nach zerkochtem Glühwein und schmeckt lasch und fade im Vergleich zum fruchtigen, aromatischen Edelbrand. Der Alkoholgehalt ist nunmehr sehr gering, um die 20 – 30 %vol.

Durchführung der Destillation

Da bei einer Alkoholdestillation die Siedetemperatur immer kontinuierlich ansteigt, ist es mit Hilfe eines Dampfthermometers relativ einfach möglich, die drei Fraktionen Vor-, Mittel- und Nachlauf voneinander zu trennen. Gehen Sie folgendermaßen vor:

1. Anlage stark aufheizen. Wenn die Temperaturanzeige zu steigen beginnt, reduzieren Sie kurz bevor (!) beim Kühler der erste Tropfen Destillat herauskommt, also etwa zwischen *60 °C und 70 °C*, die Heizleistung auf ca. die Hälfte oder ein Viertel so dass es nicht zu stark zu kochen beginnt. Wie auf Seite 62 bereits beschrieben, darf die Maische nicht zu stark kochen, um einen qualitativ hochwertigen Brand herzustellen. Vergessen Sie also nicht sofort nach dem ersten Tropfen den Destillatfluss durch Änderung der Heizleistung so einzustellen, dass das Destillat (entsprechend Ihrer Anlagengröße) moderat herausrinnt bzw. überhaupt nur heraustropft.

2. Obwohl beim Kühler schon das erste Destillat herausrinnt, *steigt die Temperatur noch deutlich sichtbar rasch an.* Solange dies der Fall ist, handelt es sich um Vorlauf. Sammeln Sie diesen auf alle Fälle in einem separaten Auffanggefäß.

3. *Die Temperatur bleibt annähernd konstant.* Wenn Sie das Thermometer lange beobachten, wird die Temperatur zwar auch noch ansteigen, aber im Vergleich zu Schritt 2 erfolgt der Anstieg extrem langsam. Dies ist der Edelbrand bzw. der Mittellauf. Sammeln Sie die Edelbrandfraktion. Die Destillationsgeschwindigkeit darf nicht zu hoch sein. Das Destillat soll bei Anlagen bis ca. 10 Liter Kesselvolumen sehr schnell heraustropfen, aber nicht rinnen.

4. Erreicht die Temperatur *91 °C,* müssen Sie unbedingt das Auffanggefäß wechseln. Denn hier beginnt im Regelfall der Nachlauf. Sammeln Sie auch den Nachlauf bis ca. *93–94 °C,* denn Sie können diesen noch weiter verarbeiten.

Die Grafik auf Seite 86 zeigt Ihnen den Verlauf der Dampftemperatur bei einer hochgradigen Maische. Bis ca. 80 °C steigt die Temperatur sehr schnell an (= Schritt 2, Vorlauf), dann gibt es einen Knick in der Kurve, der An-

Hinweis:
Wenn Sie sich bezüglich Ihrer Vorlauf-Edelbrand-Nachlauf Abtrennung unsicher sind, sammeln Sie das Destillat in vielen Schnapsgläsern und markieren entsprechend der Dampftemperatur, ob es nun theoretisch Vor-, Mittel- oder Nachlauf war.
1. bei 20 %vol im Kessel: bis ca. 80 °C: Vorlauf, 80–91 °C Edelbrand, >91 °C Nachlauf
2. Geruchprobe: Können Sie Klebergeruch erkennen? Können Sie laschen ausgekochten Nachlauf riechen? Stimmen die Fraktionen mit dem vorherigen Punkt überein?
3. Testen Sie den Vorlauf mit dem Vorlaufabtrennungstest und auch den ersten Teil der Edelbrandfraktion.

Bilder vom Brennvorgang

▲ Der Anbrennschutz wird in den Kessel eingelegt.

▲ Maische einfüllen, dabei den Kessel niemals bis zum Rand füllen.

▲ Bei großer Flamme aufheizen.

▲ Bei ca. 65 °C die Heizleistung reduzieren.

▲ Vorlauf abnehmen, bis die Temperatur annähernd konstant bleibt.

▲ Das Auffanggefäß wechseln und den Edelbrand sammeln. Das Destillat sollte rasch tropfen, nicht rinnen.

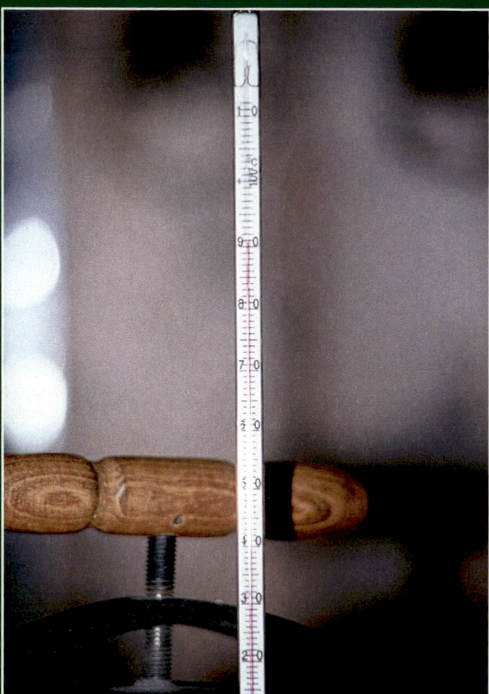

▲ Ab 91 °C den Nachlauf in einem anderen Gefäß sammeln.

▲ Das verdünnte Destillat.

stieg ist nur noch sehr flach (= Schritt 3, Edelbrand). Ab ca. 88 °C beschleunigt sich der Temperaturanstieg wieder etwas, ab 91 °C handelt es sich nur noch um den Nachlauf.

Beim Destillieren von gekauftem Weißwein gibt es keinen Vorlauf, da dieser auf Grund der Herstellungsart (die Trauben werden abgepreßt und nur der Saft vergoren) beim Gären nicht gebildet wird. Nachlauf entsteht immer und ist daher auch abzutrennen. Etwas werden Sie jedoch sicher bemerken: Das Destillat sticht derart in der Nase, dass einem beinahe die Luft wegbleibt. Das ist die schwefelige Säure die sich bildet, da bei der Herstellung des Weines Sulfit-Salze zugegeben werden. Heutzutage ist nahezu jeder Wein „geschwefelt"; als Faustregel gilt, je billiger der Wein, umso mehr wurde er geschwefelt. Zum Glück ist die schwefelige Säure aber leicht flüchtig, wenn Sie also beim Verdünnen des Destillates zwei bis drei Minuten mit einem Handmixer o.ä. schäumend Luft einmixen, ist der stechende Geruch vollkommen verschwunden.

Mengenverteilung der drei Fraktionen

Bei einer 5-Liter-Anlage sollte bei sauberer Arbeitsweise der Vorlauf maximal den Boden eines Schnapsglases bedecken, d.h. also ca. 50 Tropfen, keinesfalls mehr (bei anderen Kesselgrößen entsprechend mehr bzw. weniger). Viele glauben, man sollte zur Sicherheit lieber etwas mehr wegnehmen, das ist allerdings ein großer Fehler, da das „Filetstück", also das Beste des Edelbrandes, direkt nach dem Vorlauf kommt. Fehlt dieser Anteil, ist eine Geschmacksbeeinträchtigung im Schnaps unvermeidbar.

▼ Brenndauer-Dampftemperatur-Diagramm

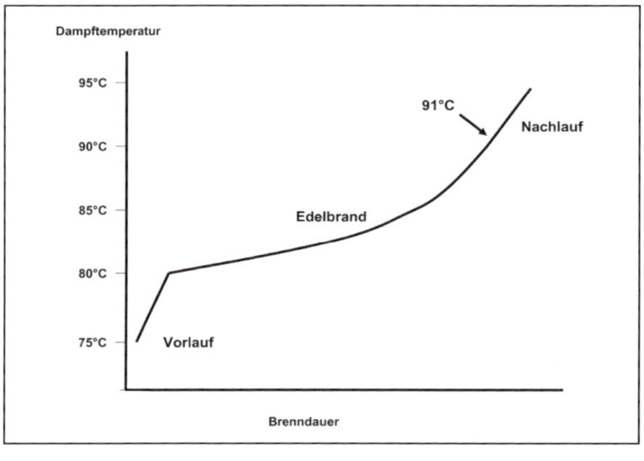

Wenn Sie den Nachlauf wiederverwerten möchten, destillieren Sie nach dem Edelbrand von 91 °C bis ca. 93 – 94 °C weiter. Der Anteil wird ca. ein Drittel der gesamten Destillatmenge betragen. Die Tabelle gibt Ihnen einen Überblick, mit welchen Mengen an Vorlauf, Edelbrand

Brenngut ml	Vorlauf ml	Edelbrand 43 %vol ml	Nachlauf ml
2000 ml hochprozentiger Alkohol, 45 %vol (gekauft)	0	ca. 2000	ca. 100
2000 ml Maische, 20 %vol	0,5	650–750	ca. 220
2000 ml Maische, 16 %vol	0,5	500–550	ca. 250
2000 ml Weißwein, 12 %vol (gekauft)	0	350–400	ca. 270
2000 ml Maische, 5 %vol	0,5	120–170	ca. 450

Mengenverteilung Vorlauf, Edelbrand und Nachlauf

Brenngut	Start Edelbrand (°C)	Start Nachlauf (°C)	Alkoholgehalt im Edelbrand, unverdünnt (%vol)
Hochprozentiger Alkohol, 45 %vol	79–79,5	91	70–73
Maische, 20 %vol	80–80,5	91	55–57
Maische, 16 %vol	80,5	91	51–52
Wein, 12 %vol	ca. 81	91	49–50
Maische, 5 %vol	> 83	91	20–30*
* genau deswegen müssen herkömmliche Maischen zweimal destilliert werden			

Richtwerte für Beginn d. Edelbrandes u. dessen Alkoholgehalt nach erfolgter Abtrennung

und Nachlauf Sie je nach Brenngut rechnen können. Diese Mengen gelten nur unter der Bedingung, dass sehr sauber und rein gearbeitet wurde.

Antischaum

Einige Flüssigkeiten wie Bananenmaische oder Bier neigen stark dazu, beim Aufkochen zu schäumen. Auch wenn die Füllmenge im Kessel reduziert wird, kann das Überschäumen kaum verhindert werden. Dies ist äußerst unangenehm, da dadurch das Geistrohr und die Kühlung verunreinigt werden. Sobald im Kessel etwas übergeht, ist die Destillation sofort zu beenden und die Anlage zu reini-

Hinweis: Kalibrieren der Temperaturmessung bei einer „pot still“: Wird 12 %iger Alkohol ohne Feststoffe destilliert (z. B. Wein), beginnt der Nachlauf, wenn der Alkoholgehalt des gesamten gesammelten Destillates 51 – 52 %vol beträgt. Die dann angezeigte Temperatur ist der Nachlaufbeginn für alle Destillationen, unabhängig vom Kesselinhalt.

gen. Erstens wird Ihr Destillat getrübt und zweitens ist die Situation gefährlich, da Feststoffe die Anlage verstopfen können. Es ist sogar möglich, dass alles in die Luft fliegt. Daher immer sofort die Destillation beenden, sobald Ihr Destillat die Farbe der Maische annimmt.

Antischaum, eine Art Silikonöl, verhindert die Schaumbildung. Sobald Sie die Maische in die Anlage gefüllt haben, kommen ca. 3 bis 5 Tropfen (dies gilt für 5-Liter-Kessel) Antischaum dazu, dadurch wird beim Kochen der Schaum gebrochen.

Einmal oder zweimal brennen?

Oft ist auf den Etiketten von Schnäpsen zu lesen: „doppelt gebrannt“. Das zweifache Brennen hat jedoch nichts mit besserer Qualität zu tun. Ganz im Gegenteil, jeder Destillationsvorgang bedeutet Aromaverlust, da der Alkohol dabei immer konzentrierter und reiner also auch geschmackloser wird. Wenn oft genug hintereinander destilliert wird, entsteht vollkommen geschmacksneutraler Alkohol mit 96 %vol, siehe Abschnitt „Rückfluss- und Rektifikationsanlagen“ aus Kapitel 3.

Der einzige Grund um doppelt zu brennen ist ein zu geringer Alkoholgehalt vom Destillat. Wenn bei einer Potstill der Alkoholgehalt vom Brenngut weniger als ca. 10 %vol beträgt, hat das Destillat weniger als 39 %vol, dann muss ein zweites Mal gebrannt werden. Hat das Brenngut einen höheren Alkoholgehalt als 10 %vol, reicht ein Brennvorgang aus um zumindest Schnapsstärke zu erreichen.

Bei herkömmlichen Maischen – also ohne Zuckerzusatz – hat der Rau- oder Rohbrand (= das Ergebnis der ersten Destillation) je nach Frucht ca. 20 – 30 %vol. Erst nach der zweiten Destillation, dem Feinbrand, entsteht mehr als 45 %vol. Um Aroma- und Ausbeuteverluste zu vermeiden, sollten Sie so viel Rohbrand sammeln, wie notwendig ist, um den Kessel zumindest zu drei Viertel zu befüllen. Es hat sich gezeigt, dass der Aromaverlust geringer ist, wenn nur einmal gebrannt und vorher der Alkoholgehalt vom

Brenngut mit hochprozentigem Alkohol auf zumindest ca. 11 – 12 %vol hinaufgesetzt wird, z. B. Maische mit einem Rohbrand derselben Frucht oder für einen Bierbrand das Bier mit Wodka (das Qualitätskriterium eines Wodkas ist seine Geschmacksneutralität) in einem Verhältnis von 78:22 vermischen. Bei hochgradiger Maische hat bereits der erste Brand ca. 55 – 57 %vol, es ist somit kein zweiter Brennvorgang mehr notwendig, es muss sogar verdünnt werden.

Tipp

Wenn Sie mit einer Potstill arbeiten, …
… müssen Sie zweimal brennen, wenn das Brenngut weniger als ca. 10 %vol hat.
… sollten Sie nur einmal brennen, wenn das Brenngut mehr als ca. 10 %vol hat.

Sollten Sie dennoch zweimal brennen, gehen Sie wie folgt vor:

1. Beim Raubrand bereits den Vorlauf abtrennen und danach bis ca. 93 – 94 °C destillieren, also mit Nachlauf.
2. Beim Feinbrand gibt es somit keinen Vorlauf mehr, den Nachlauf wie beschrieben bei 91 °C abtrennen.

Berechnung der Menge bei Mischungen aus niedrig- und hochprozentigem Alkohol

Wie bereits beschrieben, ist es manchmal notwendig, den Alkoholgehalt zu steigern, z. B. für einen Bierbrand. Dazu wird eine vorgegebene Menge Alkohol mit niedrigem Alkoholgehalt (Bier) mit hochprozentigem Alkohol (Wodka) vermischt. Der gewünschte Alkoholgehalt muss somit zwischen den beiden anderen Werten liegen, die benötigte Menge an Hochprozentigem kann wie unten folgt berechnet werden. Auf unserer Homepage (Adresse ist hinten im Buch angegeben) finden Sie einen Rechner, der Ihnen das händische Ausrechnen erspart.

GrVol = KlVol • (KlAlk – GewAlk) / (GewAlk – GrAlk)

KlVol: Flüssigkeit mit kleinem Alkoholgehalt, Volumen [ml oder l]
KlAlk: Flüssigkeit mit kleinem Alkoholgehalt, Alkoholgehalt [%vol]
GrVol: Flüssigkeit mit großem Alkoholgehalt, Volumen [gleiche Einheit wie KlVol]
GrAlk: Flüssigkeit mit großem Alkoholgehalt, Alkoholgehalt [%vol]
GewAlk: Gewünschter Alkoholgehalt [%vol]

Beispiel

Wir möchten 5 Liter Bier (4,5 %vol) mit Wodka (39 %vol) vermischen. Der gewünschte Alkoholgehalt im Gemisch soll 12 %vol sein. Wie viel Wodka wird benötigt?
Lösung:
KlVol = 5 Liter
KlAlk = 4,5 %vol
GrAlk = 39 %vol
GewAlk = 12 %vol
GrVol = 5 • (4,5 – 12) / (12 – 39) = 1,4 Liter
Somit: 5 Liter Bier (4,5 %vol) und 1,4 Liter Wodka (39 %vol) ergeben 6,4 Liter Mischung mit 12 %vol.

Verdünnen auf Trinkstärke

Die Edelbrandfraktion hat mehr als Trinkstärke, daher ist es notwendig, sie zu verdünnen. Prinzipiell sollte immer gleich nach dem Destillationsvorgang verdünnt werden, außer bei der Lagerung in Eichenfässern, da hier ein Teil des Alkohols verdunstet.

Bestimmung des Alkoholgrades

Dazu wird ein Aräometer und ein Messzylinder verwendet. Ein Aräometer ist nichts anderes als ein Schwimmkörper, mit dem je nach Eintauchtiefe die Dichte einer Flüssigkeit gemessen wird. Ethanol hat eine Dichte von 0,8 kg/l, Wasser 1,0 kg/l, eine Mischung aus beiden irgendwo dazwischen. Der Schwimmkörper wird umso tiefer eintauchen, je höher der Alkoholgehalt und je kleiner somit die Dichte der Mischung ist.

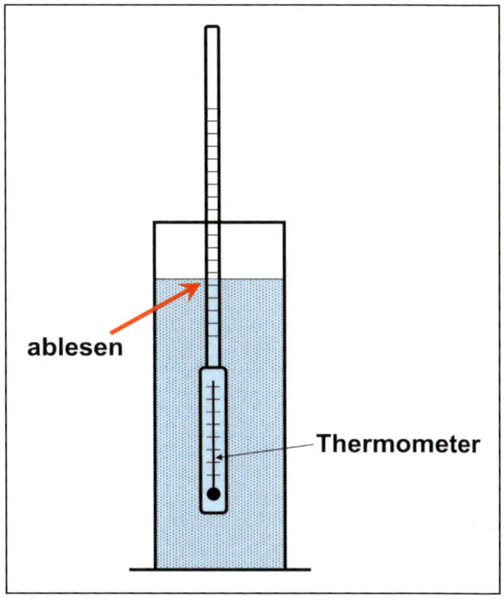

▲ Aräometer mit Messzylinder

Im Fachhandel erhältlich sind spezielle Aräometer, so genannte Alkoholometer oder Spindeln, bei denen der Alkoholgrad direkt in Volumsprozent (%vol) abgelesen werden kann. Dies sind sehr genaue Messgeräte, die auch für Eichzwecke eingesetzt werden, allerdings muss die Flüssigkeit frei von gelösten Substanzen sein, weil diese die Dichte zum Teil erheblich beeinflussen. Das heißt also, gelöster Zucker verfälscht die Messung, es können nur zuckerfreie Destillate sinnvoll gemessen werden. Falsche Werte ergibt diese Meßmethode z.B. bei Maische, Wein oder Likör. Weil die Dichte auch temperaturabhängig ist (je wärmer, desto leichter, also geringer die Dichte) eignet sich am besten ein Alkoholometer mit integrierter Temperaturkorrektur, mit anderen Worten ein eingebautes Thermometer.

Die meisten Alkoholometer sind auf 20 °C geeicht, ist die Temperatur höher, wird der Korrekturwert, der neben der Temperaturskala steht, vom Messwert abgezogen. Liegt die Temperatur unter 20 °C, wird der Korrekturwert zum Messwert dazuaddiert.

Der Messzylinder wird ca. dreiviertel mit Destillat gefüllt und das Alkoholometer vorsichtig hineingegeben (nicht fallen lassen, Glas!). Nach ca. ½ bis 1 Minute hat sich die Temperaturanzeige und die Schwimmhöhe des Alkoholometers eingestellt. Bei der Messung darauf achten, dass das Aräometer nicht den Boden berührt, sondern frei schwimmt. Im Allgemeinen wird der Wert von schräg unterhalb des Flüssigkeitsspiegels abgelesen (bei Aräometer nach Tralles), diesbezüglich jedoch auf die Beschreibung des Alkoholometers achten.

Alkoholometer werden mit unterschiedlichen Genauigkeiten und Messbereichen angeboten. Für amtliche Messungen werden riesige Geräte mit einem Messbereich zwischen 35 und 45 %vol und einer Genauigkeit von +/- 0,1 %vol oder noch kleiner benutzt. Für Hobbybrenner sind die viel kleineren Geräte mit einem Messbereich von 0 bis 100 %vol und einer Skaleneinteilung von 1 %vol jedoch vollkommen ausreichend. Man erkennt geschmacklich nicht den Unterschied zwischen 43,0 und 43,5 %vol. Diese Alkoholometer haben eine Länge von ca. 30 cm. Noch kürzere Aräometer, normalerweise sogar ohne integriertes Thermometer, sind zum Schnapsverdünnen jedoch viel zu ungenau.

Beispiel 1

Die Anzeige des Alkoholometers ist 65 %vol. Die Temperaturanzeige hat 20 °C. Was ist der echte Alkoholgehalt?
Lösung:
Der Alkoholgehalt ist exakt 65 %vol, da das Alkoholometer auf 20 °C geeicht ist.

Beispiel 2

Die Anzeige des Alkoholometers ist 65 %vol. Die Temperaturanzeige hat 25 °C, neben der Temperatursäule lesen Sie 1,9 ab. Was ist der echte Alkoholgehalt?
Lösung:
Der Alkoholgehalt ist 65 – 1,9 = 63,1 %vol.

Beispiel 3

Die Anzeige des Alkoholometers ist 65 %vol. Die Temperaturanzeige hat 10 °C, neben der Temperatursäule lesen Sie 3,5 ab. Was ist der echte Alkoholgehalt?
Lösung:
Der Alkoholgehalt ist 65 + 3,5 = 68,5 %vol.

Korrekturskala für Alkoholometer

Temperatur in der Flüssigkeit (°C)	Korrektur des Ablesewertes (%vol)
5	+ 5,3
10	+ 3,5
15	+1,8
20	0,0
25	– 1,9
30	– 3,5

Berechnung der Wassermenge zum Verdünnen

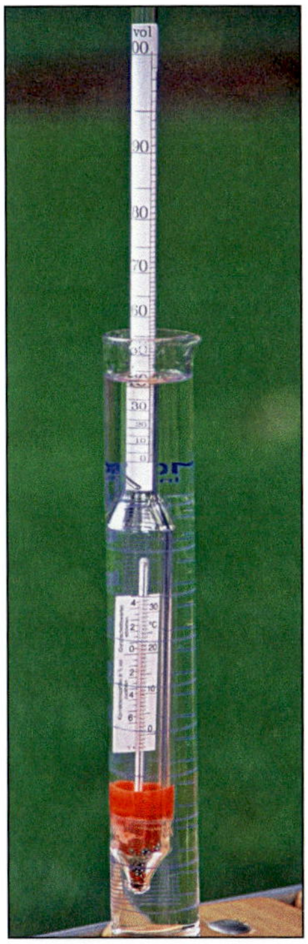

▲ Alkoholometer und Messzylinder

Nach der Messung ist der Alkoholgehalt bekannt und es muss berechnet werden, wieviel Wasser zuzugeben ist, um den gewünschten Alkoholgrad zu erreichen. Wir verdünnen immer auf 43 %vol als Trinkstärke, sollte Ihnen eine andere Konzentration besser zusagen, ist das auch kein Problem. Spirituosen haben im Allgemeinen einen Gehalt zwischen 40 und 45 %vol. Darunter schmeckt es fade, darüber werden die Geschmacksnerven der Zunge betäubt, man schmeckt also nichts mehr. Denken Sie bei der Wahl der Trinkstärke die Sie einstellen jedoch daran, dass eine zu geringe Alkoholkonzentration auch ein Grund für starke Trübungen sein kann.

Die fehlende Wassermenge lässt sich wie folgt berechnen, auf unserer Homepage (Adresse ist hinten im Buch angegeben) finden Sie einen Rechner, der Ihnen das händische Ausrechnen erspart.

WaVol = GrVol • (GrAlk – GewAlk) / GewAlk

GrVol: Flüssigkeit mit großem Alkoholgehalt, Volumen [ml oder l]
GrAlk: Flüssigkeit mit großem Alkoholgehalt, Alkoholgehalt [%vol]
GewAlk: Gewünschter Alkoholgehalt [%vol]
WaVol: Wasservolumen [gleiche Einheit wie GrVol]

Die Kontraktion (= wenn man Wasser und Alkohol zusammenschüttet, dann entspricht das Gesamtvolumen nicht der exakten Summe aus beiden, sondern ist etwas weniger) ist für unsere Zwecke vernachlässigbar.

Beispiel 1

Wir haben 500 ml Alkohol mit 63,5 %vol. Wir möchten auf 43 %vol verdünnen. Wieviel Wasser ist notwendig?
Lösung:
GrVol = 500 ml
GrAlk = 63,5 %vol
GewAlk = 43 %vol
WaVol = 500 • (63,5 – 43) / 43 = 238 ml

Wir müssen zu 500 ml mit 63,5 %vol somit 238 ml Wasser zugeben, um 738 ml Gemisch mit 43 %vol zu erhalten.

Natürlich können Sie die Verdünnungsformel nach einer kurzen Ableitung (die wir Ihnen hier ersparen möchten) auch dazu verwenden, das Volumen des unverdünnten Alkohols und des Wassers für ein gewünschtes Gesamtvolumen zu berechnen:

WaVol = GewVol • (1 – GewAlk / GrAlk)
GrVol = GewVol – WaVol

GewVol: Gewünschtes Volumen [ml oder l]
(die anderen Symbole sind wie vorher angegeben)

Beispiel 2

Wir möchten 5 Liter 43 %vol Alkohol erhalten, vorhanden ist 60 %vol Alkohol. Wieviel 60 %vol Alkohol und wie viel destilliertes Wasser brauchen wir dafür?
Lösung:
GrAlk = 60 %vol
GewVol = 5 Liter
GewAlk = 43 %vol
WaVol = 5 • (1 – 43 / 60) = 1,42 Liter Wasser
GrVol = 5 – 1,42 = 3,58 Liter 60 %vol Alkohol
Somit: 3,58 Liter mit 60 %vol und 1,42 Liter Wasser ergibt 5 Liter Gemisch mit 43 %vol.

Trübungen

Wenn die erforderliche Wassermenge bekannt ist, rühren Sie zum Verdünnen den Alkohol kräftig um und gießen währenddessen das Wasser langsam zu. Dabei können auf Grund folgender Ursachen leichte bis starke milchige Trübungen entstehen:

- Zumischung von Leitungswasser
- Unterschiedliche Temperaturen von Alkohol / Wasser
- hohe Konzentration ätherischer Öle
- zu viel Nachlauf
- destillieren von Steinobstmaischen

Tipp

Um zu prüfen, ob Ihr eigenes Grund- bzw. Leitungswasser zum Verdünnen geeignet ist, lassen Sie eine damit verdünnte Probe Ihres Schnapses ca. 2–3 Wochen stehen. Wenn bis dahin beim Schütteln keine weißen Flocken erkennbar sind, ist das Wasser in Ordnung. Viele Qualitätsbrandhersteller bewerben ihre Produkte mit der Angabe, dass zum Verdünnen der Brände nur eigenes Quellwasser verwendet wird. Die Qualität wird unbestritten besser sein als mit abgestandenem Wasser aus einem Plastikkanister, Sie sollten diesen Test daher auf jeden Fall machen.

Außer es handelt sich um sehr weiches Wasser, sollten Sie zum Verdünnen kein Leitungswasser verwenden, weil die gelösten Kalksalze im Alkohol unlöslich sind und zu weißen Flocken führen. Besser eignet sich daher destilliertes Wasser. Es genügt hier vollkommen ein Produkt aus dem Bau- oder Supermarkt, welches auch zum Bügeln oder für Autobatterien geeignet ist. Eigentlich handelt es sich dabei nur um demineralisiertes Wasser, aber eine höhere Qualität ist nicht erforderlich. Dieses Wasser ist in praktischen 5-Liter-Kanistern erhältlich, die Kosten betragen ca. 2,50 Euro für 5 Liter.

Hinweis: Wird während der Wasserzugabe das Destillat 3 Minuten lang je Liter schäumend gemixt, sind Brände aus gelagerten, hochgradigen Maischen genussfertig! Siehe Abschnitt Lagerung.

Wenn die Temperaturen von Alkohol und Wasser zu stark voneinander abweichen, vermischen sie sich nur schlecht. Lassen Sie in diesem Fall beides einige Stunden nebeneinander stehen und verdünnen erst, wenn sich beide Temperaturen einigermaßen angeglichen haben. Dieser Hinweis wird oft missverstanden. Es ist nicht notwendig, so lange zu warten, bis die Temperaturen tatsächlich exakt gleich sind. Nur ein großer Temperaturunterschied von ca. 20 °C oder mehr macht sich eventuell bemerkbar.

Bei Brenngut mit einem hohen Gehalt an ätherischen Ölen, wie z.B. Schalen von Zitrusfrüchten, Zirbenzapfen, junge Triebe von Nadelhölzern, Nüsse, Anis usw., ist die Ursache der Trübung genau umgekehrt im Vergleich zu kalkhaltigem Wasser. Die ätherischen Öle sind im Alkohol sehr gut löslich, in Wasser jedoch überhaupt nicht. Daher werden solche Destillate bei Wasserzugabe unweigerlich milchig trüb wie Ouzo oder Pernod. Wenn Sie die Alkoholkonzentration durch unverdünnten Alkohol wieder erhöhen, verschwindet die Trübung wieder.

Hat der Schnaps keine deutliche Trübung, sondern nur einen grauen „Stich", handelt es sich meist um Nachlauf. Die für diese Fraktion typischen unangenehmen Aromastoffe sind im Wasser ebenfalls schlecht löslich. Wegen der geringen Alkoholkonzentration des Nachlaufes, ist oft auch schon das unverdünnte Destillat trüb. Wenn durch ungenaues Arbeiten beim Destillieren ein Teil des Nachlaufes mit dem Edelbrand vermischt wird, muss noch einmal gebrannt werden, sonst können die qualitätsmindernden Aromen nicht mehr entfernt werden.

Bei exzellenten Steinobstmaischen kann auch ein Stich auftreten, jedoch weiß und nicht grau – so wie einige Tropfen Milch in einem Glas Wasser. Diese schwache Trübung tritt während des gesamten Mittellaufs auf, nicht nur am Ende, wenn der Alkoholgehalt schon vergleichsweise gering ist. Jedenfalls ist dies durchaus positiv, der Stich ist ein Zeichen dafür, dass der Brand ein intensives Aroma und vollen Geschmack aufweist. Es wurde alles perfekt gemacht, vom Einmaischen bis zum Brennen. Der Stich tritt nicht auf, wenn die Gärung nicht ganz optimal erfolgt ist oder wenn mehr Aromastoffe als notwendig beim Brennen abgetrennt wurden.

Tipp

Vorsicht bei bläulich oder andersfarbig schimmernden Trübungen. Diese sind auf Metalle zurückzuführen, die sich aus der Anlage gelöst haben. Meist kommt dies durch schlecht verarbeitete Lötstellen, Grünspan oder minderwertiges Anlagenmaterial zustande. In diesem Fall nochmals destillieren, aber Anlage vorher gründlich reinigen.

▲ Faltenfilter

Sofern sich nicht zu viel Nachlauf im Edelbrand befindet, ist die Trübung nur ein (unschönes) optisches Phänomen, die Qualität und das Aroma jedoch vollkommen in Ordnung. Dennoch sollte das Destillat klar sein, daher werden Qualitätsbrände immer filtriert. Um solche feinen Trübungen abzufiltrieren, sind im Fachhandel spezielle Faltenfilter „fein“ für Spirituosen erhältlich. Stecken Sie zwei ineinander und filtrieren Sie den Alkohol erst nach mindestens zwei Wochen Lagerung ab, sonst könnten Nachtrübungen auftreten. Vor der Filtration den Alkohol keinesfalls in den Kühlschrank oder noch schlimmmer ins Tiefkühlfach geben. Je tiefer die Temperatur, desto mehr Substanzen fallen aus und landen im Filter, auch solche, die geschmacklich durchaus erwünscht sind. Sollte er nach dem Filtrieren immer noch trüb sein, wiederholen Sie die Filtration solange, bis die Trübung verschwunden ist. Die Filter können danach getrocknet und mehrmals verwendet werden. Bei kleineren Mengen haben sich die klassischen Filterkaffee-Aufsätze als Trichter bestens bewährt. Wurde die Trübung durch ätherische Öle verursacht, sollten Sie beachten, dass bei jeder Filtration ein kleiner Anteil ätherisches Öl und somit Geschmack und Aroma verloren geht. In diesem Fall stellt sich die Frage, ob der Geschmack oder die Optik überwiegen soll.

Tipp

Sollten Sie keine Spezialfilter haben, nehmen Sie zwei Kaffeefilter und geben Watte dazwischen. Im Gegensatz zum Faltenfilter ‚fein‘ stellen Sie den Alkohol vorher über Nacht in den Tiefkühlschrank. Auch diese Methode funktioniert manchmal, in hartnäckigen Fällen sind allerdings nur die Spezialfilter wirksam.

Behandlung mit Aktivkohle, geschmacksneutraler Alkohol

Im Abschnitt „Nachlauf" wurde bereits beschrieben, dass der Nachlauf wiederverwertet werden kann. Sammeln Sie die Nachläufe Ihrer Brände in einem Gefäß und geben Sie ca. einen gehäuften Esslöffel Aktivkohle je 5 Liter Nachlauf dazu. Rühren Sie kräftig um und lassen Sie dies mindestens 48 Stunden ziehen. Je länger die Wirkungszeit, umso besser die Adsorption, also die Reinigung. Sie können auch in einen Behälter vorher Aktivkohle geben und darin die Nachläufe sammeln, da die Kohle sehr lange (über Wochen oder Monate) wirkt. Dies ergibt die beste Reinigung.

So können Sie nicht nur Ihre Nachläufe, sondern auch fertige Schnäpse und Weine (oft unliebsame Weihnachtsgeschenke) reinigen und auf diese Weise Ihren Getränkekeller entrümpeln. Der Alkohol wird dann zumindest wiederverwertet und kann für Angesetzte verwendet werden.

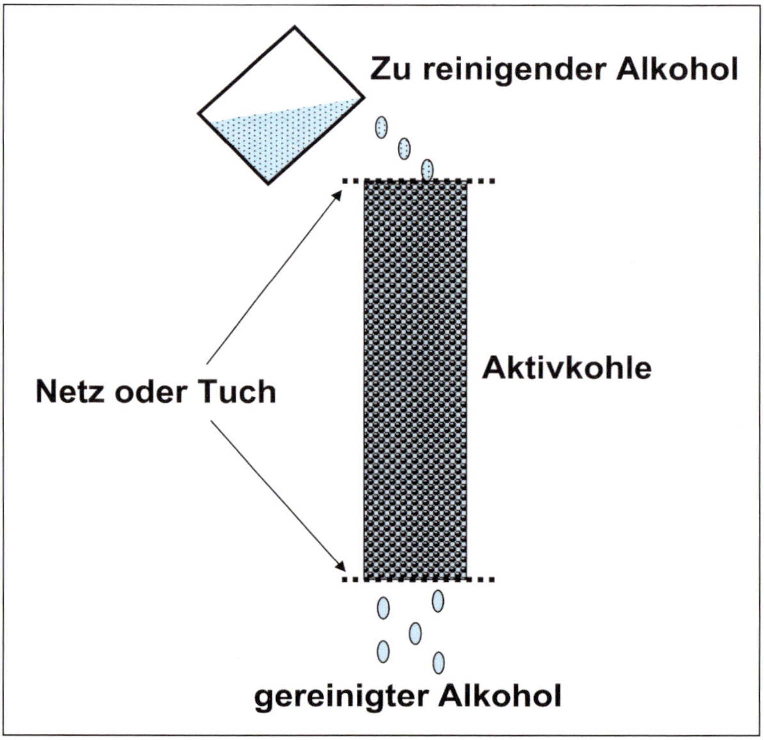

► Säulen mit Aktivkohle

Geben Sie keine dickflüssigen Liköre dazu, diese würden die Kohle verkleben, wodurch sie unwirksam wird.

Nach dem Einwirken geben Sie den Alkohol mit der Kohle in den Brennkessel. In der Literatur ist häufig beschrieben, dass die Kohle vorher abzufiltrieren sei, da sich ansonsten die Geschmacksstoffe wieder lösen. Das stimmt nicht. Die Van-der-Waalschen-Kräfte, die dafür verantwortlich sind, dass die großmolekularen Aromastoffe überhaupt in der Kohle gebunden werden, halten 100 °C ohne Probleme aus. Natürlich können Sie vorher abfiltrieren, aber dies ist wie beschrieben nicht notwendig.

Bei der Destillation nehmen Sie zuerst den Vorlauf – wenn vorhanden – ab (mit Aktivkohle behandelter Nachlauf hat keinen Vorlauf), dann die Edelbrandfraktion. Den Nachlauf können Sie hier verwerfen. Der „Edelbrand" ist geschmackloser Alkohol, der sich für Angesetzte oder Geiste bestens eignet.

Noch ein Hinweis zur Kohle: Nur Aktivkohle besitzt die Fähigkeit, Aromen aufzunehmen und zu adsorbieren. Holzkohle hat diese Eigenschaft nur zu einem sehr, sehr geringen Ausmaß. Andere Kohlearten dürfen überhaupt nicht verwendet werden, nicht nur, weil sie ohnehin fast keine adsorptiven Eigenschaften aufweisen, sondern vor allem weil sie wegen der enthaltenen Schadstoffe z.T. hochgradig giftig sind.

Eine andere Methode Alkohol mit Aktivkohle zu reinigen, ist das so genannte Säulen. Dazu wird Aktivkohle mit Alkohol aufgeschlämmt und in ein Rohr mit einem Auslasshahn gefüllt. Achten Sie darauf, dass keine Luftblasen eingeschlossen sind. Die Säule darf nie trocken laufen, es muss also die Menge, die unten herausrinnt, oben mit zu reinigendem Alkohol nachgefüllt werden.

Hinweis:
Aus Spiritus kann mit Aktivkohle geschmackloser Trinkalkohol nicht gewonnen werden. Der Alkohol wurde absichtlich mit Chemikalien vergiftet (vergällt), die nur durch komplizierte technische Verfahren abgetrennt werden können.

Lagerung

Destillate können in Glas- oder Stahlgefäßen problemlos sehr lange gelagert werden. Keramik ist über einen Zeitraum von Jahrzehnten leider durchlässig, bei Holzfässern ist die Verdunstung bereits nach Monaten bemerkbar. Außerdem verändert Holz den Geschmack und die Farbe vom Inhalt, was normalerweise natürlich gewünscht ist, aber dazu gleich. Nehmen Sie keinesfalls Kunststoff, denn der Alkohol würde mit der Zeit Chemikalien herauslösen, was nicht nur sensorisch erkennbar, sondern auch gesundheitsschädlich sein kann.

Das Destillat wird erst nach einer gewissen Standzeit an der Luft wirklich erstklassig. Hierfür werden die Flaschen mit Watte verschlossen und zwei bis drei Wochen kühl (Keller) stehen gelassen. Danach sollten sich etwaige scharfe „Spitzen“ im Aroma verflüchtigen, der Geschmack sollte „runder“ und milder werden. Professionelle Qualitätsbrandhersteller lagern ihre Destillate zumindest zwei, oft jedoch drei bis vier Jahre in luftdicht verschlossenen Gefäßen, die nur zu ca. ⅔ bis ¾ befüllt sind. Auch wenn die Flaschen vorher nur mit Watte verschlossen stehen gelassen wurden, ist diese Lagerzeit bei Bränden aus herkömmlichen (nicht gelagerten) Maischen absolut notwendig, weil solche Destillate ohne jahrelange Lagerung einen äußerst scharfen Geschmack und beißenden Geruch aufweisen.

Gewerbliche Brenner lagern Destillate aus wirtschaftlichen Gründen unverdünnt, dies ist platzsparender. Zu Hause, wenn Freunde auf Besuch kommen, ist es jedoch eher lästig, vor dem Verkosten den Schnaps zuerst verdünnen zu müssen. Für Hobbybrenner ist es daher zweckmäßiger, direkt nach dem Brennen zu verdünnen. Der Qualitätsunterschied zwischen einer verdünnten und einer nicht-verdünnten Destillatlagerung ist jedenfalls zu vernachlässigen, wenn in stehenden Glasflaschen mit Korkverschluss für einige Jahre gelagert wird.

Was sich bei der Lagerung in geschlossenen Flaschen zeigt, ist die Qualität. Nur qualitativ hochwertige Schnäpse können längere Zeit gelagert werden, bei minderwertigen Destillaten tritt der Geschmacksfehler umso deutlicher hervor.

Kommerziell hergestellte Liköre, Parfums und oft auch Brände werden durch Lufteinblasung, Mixen o.Ä. künstlich gealtert, z. B. lässt ein US-amerikanischer Whiskey-

◄ Eichenfässer

◄ Alternative zu Eichenspänen (Eichenchips): Buchenchips zum Räuchern

Hersteller zu diesem Zweck seine höherwertigen Produkte zusätzlich zur Holzfasslagerung über Aktivkohle rieseln. Hier zwei Möglichkeiten zur künstlichen Alterung im kleinen Maßstab:

Nehmen Sie einen dünnen Silikonschlauch (kein PVC!) und stecken Sie in ein Schlauchende ein Stück Balsaholz. Beschweren Sie dieses Ende mit einer Metallmutter und hängen Sie es in die Flasche. Mit einer kleinen Luftpumpe (erhältlich in Aquaristikgeschäften) blasen Sie anschließend bei kühler Lufttemperatur (Keller) etwa 24 Stunden lang Luft durch den Schnaps. Auf diese Weise ergibt sich nicht nur ein wesentlich milderer Geschmack, es baut sich dabei auch Vorlauf ab, wie wir mit dem bereits beschriebenen Vorlauftest nachweisen konnten: Vor der Behandlung ergab der Test bei einem Birnenbrand (wie üblicherweise empfohlen bei abklingender Gärung destilliert) eine nahezu undurchsichtige, dunkelgrüne Farbe. Es war also sehr viel Vorlauf enthalten, so hat's übrigens auch geschmeckt und gerochen... Nach einer 48-stündigen Behandlung zeigte die hellgrüne Farbe nur noch wenig Vorlauf an. Das vorher ungenießbare Destillat war zwar immer noch scharf, aber wesentlich besser als vorher.

Eine andere Möglichkeit der künstlichen Alterung sollten Sie bei Destillaten aus herkömmlichen oder auch hochgradigen Maischen generell immer machen, weil sie sehr einfach ist und während des Verdünnens vom Destillat erfolgen kann: den frischen Brand zumindest 3 Minuten pro Liter je nach Menge mit einem Bohrmaschinenaufsatz, Pürierstab oder batteriebetriebenen Milchaufschäumer schäumend (!) mixen. Andere Mixer sind nicht effektiv genug. Übrigens sind nach dieser Behandlung Brände aus gelagerten, hochgradigen Maischen genussfertig! Auch wenn Sie Ihren Schnaps bisher noch nie gemixt haben, sollten Sie es mit einer kleinen Menge zumindest einmal ausprobieren. Kosten Sie vorher und nachher, Sie werden über den Unterschied erstaunt sein.

Whisky, brauner Rum, Grappa barrique, Calvados, Cognac, Vieille Prune usw. (siehe Kapitel 5) werden mehrere Jahre, manchmal auch Jahrzehnte, in Holzfässern gelagert. Wie bereits erwähnt, verändern sich dadurch grundlegend der Geschmack und die Farbe, die je nach Holzsorte und Vorbehandlung des Fasses unterschiedlich sind. Z.B. wird schottischer Whisky oft in alten Portweinfässern gelagert, für Rum werden die Fässer vorher innen angekohlt, für andere Geschmacksrichtungen werden alte Barriqueweinfässer benutzt usw. Meistens sind die Fässer aus Eichenholz, jedoch werden inzwischen auch andere Holzsorten, um andere Geschmacksnoten zu erzeugen, immer populärer. Da der Alkohol im Lauf der Zeit durch die Holzwand verdunstet (der sogenannte „angels' share", der „Engelsanteil"), soll das Destillat vor der Lagerung keinesfalls verdünnt werden.

▲ Künstliche Alterung mittels Milchaufschäumer; Geräte mit nur einer Batterie sind zu schwach, um stark zu schäumen.

Als Kleinbrenner ist es leider nicht so einfach, ein kleines Holzfass aus einer Holzsorte seiner Wahl zu bekommen. Aber wenn der Berg nicht zum Propheten kommt, dann kommt der Prophet zum Berg. Kommerzielle Hersteller benutzen oft Holzchips, die in das Destillat gegeben werden. Dafür sind im Fachhandel Chips unterschiedlichster Holzsorten und in verschiedenen Röstungsgraden erhältlich, ca. 2 – 3 cm groß, Dosierung ca. 5 – 50 g je 10 Liter Destillat. Viele Anbieter empfehlen, vor der Zugabe die Chips ca. 10 Minuten lang in Wasser zu kochen. Oder nehmen Sie einfach selbstgemachte Holzspäne oder z. B. Holzchips, die zum Räuchern gedacht sind. Je nach gewünschter Intensität die Späne einige Tage bis einige Monate ziehen lassen, dadurch stellen sich ein guter Holzfassgeschmack sowie eine schöne goldene Farbe ein. Natürlich können Sie dies mit jedem klaren Brand machen. Der Effekt des angekohlten Fasses lässt sich relativ einfach nachahmen. Dazu Holzspäne in einer Pfanne anrösten, die Pfanne währenddessen mit einer Alufolie bedecken, in die mehrere Löcher gemacht wurden. Bevor das Destillat mit den Holzchips bzw. -spänen behandelt wird, ist es geschmacklich sehr empfehlenswert, frische Chips eine Zeitlang in Rotwein zu lagern, dasselbe gilt auch für „rohe“ Holzfässer.

Schlussendlich sollten Sie Folgendes bedenken: Es ist nicht sehr schwer, einem Schnaps einen Holzgeschmack zu verleihen, aber es ist eine Kunst, die Harmonie zwischen Holz- und Fruchtgeschmack zu finden. Der Holzgeschmack sollte den ursprünglichen Geschmack bereichern, nicht übertünchen.

Kapitel 5

Rezepte für Maische

Exzellente Maische, exzellenter Schnaps

Nachdem Sie nun einen soliden Überblick über die Maischeherstellung und das Brennen sowie die dafür benötigten Anlagen haben, befinden wir uns sozusagen auf der Zielgeraden zum Schnaps. Die folgenden Rezepte liefern Ihnen Vorlagen und Anregungen.

Die Herstellung der Maische vollzieht sich immer in ähnlichen Schritten (wie in Kapitel 2 erläutert), daher ist auf der folgenden Seite noch einmal das allgemeine Grundrezept angeführt, an das Sie sich prinzipiell immer halten sollten. *Ausnahmen und Besonderheiten sind bei der jeweiligen Frucht beschrieben.*

Alle Zutaten und Dosierungen im Rezept beziehen sich auf 100 Liter Maische (Fruchtbrei und Wasser). Bei geringeren oder größeren Mengen können Sie die erforderlichen Dosierungen entsprechend umrechnen, von Trockenhefemischungen (z.B. Turbohefe) jedoch immer zumindest einen gehäuften Teelöffel voll.

Wie bereits im Kapitel 2 beschrieben, sollte nie mehr als ein Drittel Wasser zugegeben werden. Bei 100 Liter Maische wären das ca. 30 Liter. Die restlichen 70 Liter sind Fruchtbrei. Durch das Zerkleinern und Zermatschen wird das Volumen vom Obst natürlich geringer. Sehr weiches, kleines Obst wie Zwetschen, Kirschen und Trauben verlieren weniger Volumen als härtere, größere Obstsorten wie Quitten, Äpfel und Birnen. Die Angaben der Tabelle auf Seite 106 sind nur Richtwerte, da diese außer von der Reife und Festigkeit, vor allem von der Größe der Früchte abhängen. Sie sind auf nicht genannte Obstsorten entsprechend übertragbar. Die Tabelle zeigt, wieviel Obst man braucht, um 70 Liter Fruchtbrei zu erhalten.

Fruchtbrei	► Obst säubern, waschen, Stängel und faule Stellen entfernen, zu Brei verarbeiten, darauf achten, dass beim Steinobst keine Kerne zerstört werden
Wasser	► So viel Wasser, wie zum Reinigen der Gefäße nötig ist (maximal ein Drittel vom Fruchtbrei). Ausnahmen siehe Rezepte
Verflüssiger	► Verflüssiger Spezial: fruchtabhängig ca. 3–25 ml je 100 l Maische, wenn in der Hefemischung nicht bereits enthalten
pH-Korrektur	► pH-Wert messen und auf 3,0–3,5 einstellen, z.B. mit Fruchtsäurekonzentrat Biogen M: 300 ml / 100 l Maische
Reinzuchthefe	► Hochgradige Maischen: Turbohefe: 115 g je 100 l Maische, Hefenährsalz ist enthalten. Sherryhefe + Hefenährsalz: Mengen gemäß Packungsangabe *oder* ► Herkömmliche Maischen: jede Hefe bzw. Hefemischung + Nährsalze, Mengen gemäß Packungsangabe
Zuckerzugabe (nur für hochgradige Maischen)	Sofort: Turbohefe 13 kg, Sherryhefe 10,5 kg ► Nach einer Woche: Turbohefe 13 kg, Sherryhefe 10,5 kg ► Nach einer weiteren Woche: Turbohefe 13 kg, Sherryhefe 10,5 kg
Vergärung	► Mit Gärspund vergären lassen, optimale Gärtemperatur: 16–19 °C, ein- bis zweimal wöchentlich umrühren, bis Fruchthut abgesunken, dann ist die Gärung abgeschlossen (Dauer: ca. 2–3 Monate bei hochgradigen Maischen)
Lagerung	► Herkömmliche Maischen maximal 1–2 Monate kühl lagern vor dem Brennen, Destillat zumindest 2–3 Jahre lagern. Hochgradige Maischen zumindest 6 Monate lagern, Destillat muss nicht mehr gelagert werden

Grundrezept für 100 Liter Maische

Fruchtmenge für 70 Liter Fruchtbrei

Sorte	Gewicht in kg	Volumen ganze Früchte in Liter
Äpfel	74	140
Aprikosen/Marillen	71	112
Birnen	77	117
Quitten	72	145
Zwetschen	78	105
Kirschen	78	102
Pfirsiche	75	123
Trauben	79	97

Agave (Mescal, Tequila)

Die Agave aus Mexiko bildet die Basis für dieses Destillat. Die großen fleischigen Blätter werden entfernt und der verbleibende Strunk über Wasserdampf gedünstet, wobei ein honigartiger Saft entsteht. Dieser wird vergoren und *im Verhältnis 1:2 Wasser zugegeben*. Sollten Sie beim Verdünnen Probleme haben, so gehen Sie wie beim Met (siehe Seite 113) vor. *Auf Verflüssiger kann verzichtet werden, da keine Fruchtanteile in der Maische vorhanden sind.*

Apfel (Calvados)

Das Apfelgehäuse müssen Sie nicht entfernen, die Stängel und faulen Stellen aber unbedingt. Je 80 Liter Fruchtbrei ca. 20 Liter Wasser zugeben, sonst wird die Maische zu dickflüssig. Weil saure Apfelsorten kaum Aroma haben, verwenden Sie besser aromatische, volle Arten. Apfel eignet sich auf Grund seines lieblichen Geschmackes auch sehr gut, um andere Fruchtsorten zu strecken, wie z.B. Birne oder Zwetsche. Für den bekannten Obstler (= Apfel, Birne und Zwetschke) oder Trebler gibt es allerdings kein fixes Mischungsverhältnis. Jeder Schnapsbauer mischt eher nach vorliegender Fruchtmenge, daher schmecken Obstler auch sehr unterschiedlich.

▼ Äpfel

Wenn Sie die Apfelmaische destillieren und eine kleine Zimtstange in den Aromakorb geben, erhält der Apfelbrand eine sehr gute „Punsch“note.

Für Calvados werden die Äpfel ausgepresst und nur der Saft vergoren, destilliert wird also ein Apfelwein bzw. Most. Der Brand wird anschließend zumindest 3 – 4 Jahre in Eichenfässern gelagert. Wie beschrieben, können alternativ auch Holzchips verwendet werden.

Ananas

Bei der Auswahl dieser Früchte müssen Sie sehr sorgfältig sein. Die importierten Ananas in Europa sind kaum ausgereift, der Geschmack also sehr sauer und dezent. Wenn man sie zum Ausreifen einige Tage liegen lässt, fangen sie meistens von innen heraus zu faulen an. Ananas aus der Dose eignet sich hingegen hervorragend, diese Früchte wurden vor Ort vollreif geerntet. Es gibt sehr kleine Delikatessananas mit einem viel besseren Aroma. Am besten sind natürlich die Früchte, die direkt frisch vor Ort geerntet werden, damit gelingt eine wunderbare Ananasmaische.

Aprikose bzw. Marille

Marillen (Aprikosen) ergeben einen sehr fruchtigen und aromatischen Brand, wenn die Raumtemperatur beim Gären nicht über 19 °C liegt. Um Marzipangeschmack zu vermeiden, die Steine bereits vor dem Einmaischen entfernen. Wegen des höheren pH-Wertes als sonstiges Steinobst unbedingt das Ansäuern nicht verzichten.

Banane

Banane besitzt kaum eigenes Fruchtwasser, hier sollten Sie *im Verhältnis 1:1 Wasser zugeben*, ansonsten wäre der Brei einfach zu dick. Achten Sie bei den Bananen darauf, dass Sie überreife Früchte verwenden, die Schale sollte schon teilweise schwarz sein. Dadurch wird der Geschmack besonders intensiv. Vor dem Einmaischen müssen die Bananen geschält werden. Verwenden Sie beim Brennen Antischaum (siehe Seite 87), da Bananenmaische beim Kochen sonst zu stark schäumt.

Bierbrand

Verwenden Sie am besten Bier aus dem Supermarkt. Oft kann man in den Brauereien auch die Reste im Fass zu günstigen Konditionen erstehen. Bier muss zweimal destilliert werden, da das Destillat sonst nicht Trinkstärke erreicht. Beim ersten Durchgang brennen Sie bis ca. 94 °C, Vorlauf gibt es bei gekauftem Bier nicht.

Hinweis:
Wenn Sie Bier destillieren, sollten Sie unbedingt ein paar Tropfen Antischaummittel in den Kessel geben, andernfalls kann auf Grund der starken Schaumentwicklung etwas übergehen.

Wird vor dem Brennen zum Bier geschmackloser Alkohol gegeben, sodass die Mischung ca. 11–13 %vol ergibt, genügt ein einziger Brennvorgang. Trotz der Zugabe ist der Geschmack im Destillat sogar intensiver als beim zweifachen Brennen, da der zweite Durchgang zusätzlich Aroma abtrennt.

Im Unterschied zu allen anderen Destillaten beginnt der Nachlauf bei Bier nicht bei 91 °C, sondern erst bei etwa 92 – 92,5 °C. Sie sollten die Fraktion von 91 – 93 °C in kleinen Gläschen auffangen, um die richtige Temperatur zu finden. Bis 91 °C fehlt der typische Hopfengeschmack.

Über einen hohen Alkohol- und Extraktgehalt verfügt vor allem das Bockbier. Aber jeder bevorzugt einen anderen Geschmack und beim Bier gibt es unzählige Geschmacksvariationen.

TIPP

Um das hopfige Aroma im Bierbrand zu verstärken, kann Hopfen im Aromakorb zugegeben werden. Für 1,5 Liter Maische geben Sie ca. 100 g getrockneten Hopfen dazu.

Birne

▲Birnen

Bei den Birnen genügt es, wenn Sie Stängel, Blätter und andere Verunreinigungen entfernen, die Kerne und Kerngehäuse jedoch nicht herausschneiden. Sehr harte Birnen vor dem Einmaischen ein paar Tage bis einige Wochen liegen lassen bis sie weich geworden sind, sonst wird der Brand sehr geschmacksarm.

Sollten Sie geschmacklich sehr unterschiedliche Sorten verwenden, wie z.B. Williamsbirnen und Mostbirnen, so ist es ratsam, diese auch sortenrein einzumaischen. Ansonsten kommt der sortentypische Geschmack nicht hervor.

Brombeere

Von diesen Beeren ist bereits der Wein eine Delikatesse! Beim Destillieren ist es jedoch schwierig, das Aroma in das Destillat zu bekommen. Aus diesem Grund sollten Sie zusätzlich zur Maische noch frische Brombeeren in den Aromakorb (siehe Abschnitt Kleinbrennanlagen nach Schmickl) legen.

Elsbeere (Adlitzbeere)

Die Früchte der Elsbeere werden überreif geerntet, am besten nach dem ersten Frost, allerdings ist hier – ähnlich der Vogelbeere – darauf zu achten, dass die bei den Vögeln sehr beliebten Früchte nicht vorher von diesen verspeist werden. Die Ernte ist recht mühsam, da die Früchte nicht abfallen sondern von Hand gepflückt werden müssen, und das bei zumeist 10 m hohen Bäumen. Im Geschmack ist der Elsbeerbrand ähnlich einem Schlehenbrand. Beim Einmaischen ca. ein Drittel Wasser zugeben, da die Maische eher trocken ist. Die Elsbeere wurde übrigens zum »Baum des Jahres 2011« gewählt, der Brand dieser Früchte ist einer der teuersten unter den Obstbränden.

Enzian

Für die Schnapsherstellung wird hauptsächlich der gelbe Enzian verwendet, und zwar nur die Wurzel, die bis zu einem Meter lang werden kann. Aber auch der rotblühende, der punktierte und der ungarische Enzian finden hier Verwendung. Auf den meisten Enzian-Schnapsflaschen ist der blaue Enzian abgebildet, obwohl dieser für Schnäpse vollkommen ungeeignet ist. Die im Herbst geernteten Wurzeln häckseln und *im Verhältnis 1:1 Wasser zugeben*. Danach laut Anleitung bearbeiten. *Beim Verflüssiger die drei- bis vierfache Menge verwenden.*

Die meisten käuflich erhältlichen Enzianschnäpse stammen von Apfelmaischen, wobei im Verhältnis 50:1 (50 l zu 1 kg) die Enzianwurzel zerkleinert der Maische vor der Gärung zugegeben wird. Für diese Mischung eignet sich auch hervorragend getrockneter Enzian, erhältlich im Kellereibedarf oder bei Kräuter- und Gewürzhändlern.

Erdbeere

Die Früchte aus den Erdbeergärten eignen sich zur Herstellung von Maischen nicht besonders, da der Geschmack nicht wirklich hervorkommt. Die Frucht ist einfach zu wässrig. Ganz anders bei den Walderdbeeren, diese haben ein wunderbares Aroma. Aber es ist äußerst mühsam, aus Walderdbeeren eine Maische herzustellen, da man dazu doch einige Liter benötigt. Sinnvoller ist es, einen Angesetzten oder Geist herzustellen (siehe Kapitel 6 und 7). Da können Sie bereits mit kleinen Mengen gute Ergebnisse erzielen.

Hagebutte

Für die Schnapsherstellung müssen Sie die kleinen Kerne nicht entfernen, die Arbeit ist nicht so mühevoll wie bei der Herstellung einer Hagebuttenmarmelade. Die schwarzen Ansätze an der Frucht sollten Sie jedoch wegschneiden. Am besten pflücken Sie Hagebutten nach dem ersten Frost. Zu diesem Zeitpunkt sind sie voll ausgereift und sehr weich, also ideal zum Einmaischen.

Himbeere

Ähnlich wie bei den Erdbeeren ist es sehr mühsam, die geeignete Menge Himbeeren für eine Maische zu bekommen. Sollten Sie aber darüber verfügen, werden Sie eine sehr fruchtige und geschmacksintensive Maische erhalten. Geringe Mengen können sehr gut zu einem Angesetzten oder Geist verarbeitet werden.

Holunderblüte

Ernte: Schneiden Sie die ganzen Dolden ab und entfernen Sie die dicken Stängel. *Keinesfalls waschen*, da sonst der Blütenstaub verloren geht! Ernten Sie daher die Blüten am besten ein bis zwei Tage nach einem Regen und nicht in der Nähe von stark frequentierten Straßen.

Bei der Holunderblüte ist ein wässriger Ansatz notwendig, da sie über kein Fruchtwasser verfügt. *Nehmen Sie 1 Teil Wasser auf 1 Teil leicht zusammengedrückte Holunderblüten.* Die Vergärung kann nur mit Zuckerzugabe erfolgen, da die Blüten keinen vergärbaren Zuckeranteil besitzen. Wenn Sie geschnittene Orangen- und Zitronenscheiben direkt in die Maische geben, erhalten Sie einen besonders erfrischenden Geschmack. Auf 100 Liter Maische sollten Sie ca. je ein Kilo Zitronen und Orangen geben. Es sollten unbedingt unbehandelte Zitrusfrüchte sein, also mit einer zum Verzehr geeigneten Schale, andernfalls könnten Chemikalien in die Maische gelangen. Sollten Sie auf die Zugabe verzichten, vergessen Sie nicht, auf die richtige pH-Einstellung zu achten.

Schwarze Holunderbeere

Wasserzugabe: ca. ⅓ vom Volumen der Beeren (ohne Stängel). Die großen dicken Stängel müssen Sie vor dem Einmaischen entfernen. Am besten ist es, die Dolden komplett zu entstängeln.

Rote oder schwarze Johannisbeere bzw. Ribisel

Die Beeren mit den Rispen waschen und erst danach von allen Stängeln befreien, sonst geht zuviel Saft verloren. *Säurezugabe ist in der Regel nicht mehr notwendig.* Bereits der Fruchtwein schmeckt ausgezeichnet. Im fertigen Brand tritt der Geschmack bei der schwarzen Ribisel deutlicher hervor als bei der roten.

Kartoffel (Wodka)

Kleine Mengen können Sie in eine Entsaftermaschine geben und danach Saft und festen Rückstand wieder vereinigen. Bei größeren Mengen ist ein Häcksler ideal. Da die Kartoffel keinen Zucker, sondern Stärke enthält, muss die Maische entsprechend der Anleitung für stärkehältige Produkte (siehe Kapitel 2) behandelt werden. Achten Sie darauf, dass sie eine Kartoffelsorte mit hohem Stärkegehalt verwenden, dieser kann zwischen 9 und 30% schwanken.

Tipp

Werden Kartoffeln ca. 35 Minuten gedämpft, ist es nicht mehr notwendig, das Maischwasser auf 90 °C zu erhitzen. Direkt nach dem Dämpfen wird die Amylase zugegeben. Ein weiterer Vorteil des Dämpfens: Die Maische schäumt während der Vergärung nicht mehr so stark.

Kirsche

Besonders geschmacksintensiv sind Sauerkirschen bzw. Weichseln, aber auch normale Kirschen geben einen guten Brand ab. Sie sollten die Kirschen gut zermatschen und die Kerne dabei lassen, sonst geht der typische Kirschbrandgeschmack verloren. Achten Sie darauf, dass die Kerne nicht beschädigt werden, zerbrochene Kerne sofort entfernen. *Geben Sie so wenig wie möglich Wasser zu*, bei der Kirschmaische ist dies im Hinblick auf das Aroma besonders wichtig. Während des Maischvorganges bleiben die Kerne im Gärfass, nach vollendeter Vergärung sammeln sie sich, komplett vom Fruchtfleisch abgelöst, am Fassboden. Sie können sie dann problemlos mit einem Sieb herausfischen. Geben Sie ca. 10 % der Kerne beim Destillieren in den Kessel, um den typischen Geschmack des Kirschwassers zu erhalten. Die Gärtemperatur sollte

▲Kirschen

zwischen 16 und maximal 19 °C liegen, sonst wird das Aroma „ausgeblasen“.

Korn (Whisky)

Das Korn sollte gut gemahlen und die Streu auf jeden Fall gründlich entfernt werden. Auch hier ist die spezielle Maischebehandlung für Stärke anzuwenden (siehe Kapitel 2).

Für die Malz-Whiskyherstellung wird ausschließlich Gerste verwendet. Das klare Destillat sollten Sie anschließend in einem Eichenfass lagern bzw. in einem Glasballon mit Eichenspänen (siehe Seite 102 ff.).

Krieche bzw. Haferschlehe, Ziberl, Ziparte

Diese sehr aromatische Frucht eignet sich besonders für die Herstellung eines hochqualitativen, teuren Edelbrandes. Kriechen gehören zur Familie der Pflaumen. Pflaumen sind die größten, die Hauszwetschen kleiner, und die kleinsten, die Kriechen, sind zugleich auch die aromatischsten. Maischen Sie die Früchte mit den unzerstörten Steinen ein. Beim Brennen geben Sie ca. 10 % der Steine in den Kessel.

Mango

Früchte schälen und gut zermatschen. Vom Kern (Stein) müssen Sie das Fruchtfleisch nicht lösen, das macht dann die Hefe bei der Vergärung im Maischefass. Die Steine sollten Sie, nachdem sie sich – abgelöst vom Fruchtfleisch – am Fassboden abgesetzt haben, entfernen und beim Brennen nicht mitdestillieren.

Haferschlehe ► (Krieche, Ziberl, Ziparte), Hauszwetsche und Pflaume

Met

Eine Zuckerzugabe ist nicht notwendig, da der Honig zu ca. 75 % aus Zucker besteht. Diese hohe Zuckerkonzentration ist für die Hefen allerdings nicht vergärbar, *daher müssen Sie den Honig 1:2 mit Wasser verdünnen* (1 kg Honig und 2 Liter Wasser). Dies entspricht ca. 0,4 kg Zucker/l, d.h. wenn Sie nicht Turbohefe verwenden, müssen Sie entsprechend mehr verdünnen. Um den Honig mit Wasser zu vermischen, erwärmen Sie beides auf 50 °C. Die Temperatur sollte keinesfalls höher sein, da ansonsten das Aroma im Honig zerstört wird. Rühren Sie bei 50 °C solange, bis sich der ganze Honig im Wasser gelöst hat. Danach kühlen Sie die Mischung wieder auf 24 °C ab und geben wie gewohnt alle Zutaten *bis auf Zucker und Verflüssiger* dazu, stattdessen jedoch noch 10 g Mehl je Liter Maische. Der Grund: jede Maische benötigt Trübstoffe, auf denen sich die Hefepilze festhalten können. Da es sich hier um eine klare Flüssigkeit handelt, ist als Hilfsmittel Mehl notwendig. Rühren Sie das Mehl in *kaltem* Wasser an (so klumpt es nicht) und fügen diese Mischung der Maische zu. Bei Turbohefe ist wie bei einer reinen Zucker-Wasser-Lösung keine Zugabe von Mehl notwendig.

Die Metmaische eignet sich natürlich nicht nur zum Destillieren sondern auch zur Verarbeitung als Metwein.

Mispel bzw. Asperl

Da Mispeln sehr hart sind, wird meistens empfohlen, diese nach dem ersten Frost zu ernten. Jedoch waren bei uns die Früchte dann innen meist schon faulig, der Brand hatte somit einen fauligen Geschmacksfehler. Daher ernten wir Mispeln seither immer genauso wie Äpfel: Wenn im Spätherbst die reifen Früchte von selbst abfallen bzw. sehr leicht abgepflückt werden können. Die Mispel ist sehr fest, daher empfiehlt es sich, die *doppelte Menge an Verflüssiger zuzugeben.*

▼ Mispeln

Nektarine

Für die Maischezubereitung *die Früchte entkernen*, denn die Kerne (Steine) können sehr leicht beschädigt werden und das kann die ganze Maische ruinieren. Geben Sie sehr, sehr wenig Wasser zu, um den Geschmack so intensiv wie möglich zu halten. Die Gärtemperatur sollte nicht mehr als 19 °C betragen, sonst kommt es zu Aromaverlusten.

Nuss

Reife Walnüsse fein aufreiben und *ca. auf 1 kg geriebene Nüsse 1 Liter Wasser zugeben*, andernfalls würde die Maische zu dick werden. Die Maische neigt beim Destillieren zum Schäumen, hier sind *ein paar Tropfen Antischaum* angebracht. Grüne Nüsse werden wie in Kapitel 6 beschrieben verarbeitet.

Pfirsich

Hier gilt das Gleiche wie für Nektarinen: Entkernen (da die Kerne sich auch relativ leicht öffnen), mit Schale einmaischen und das Wasser minimieren. Auch hier sollte die Gärtemperatur nicht mehr als 19 °C betragen. Es ist eine Kunst, Pfirsichbrand mit erkennbarem Aroma und Geschmack zu erzeugen. Wir haben bemerkt, dass die verwendete Pfirsichsorte dafür entscheidend ist. Die Früchte sollten extrem groß sein, kultiviert in einem mediterranen Klima, so spät wie möglich geerntet, wenn das Fruchtfleisch schon durchgehend sehr weich geworden ist.

Pflaume (Vielle prune)

Beim Einmaischen sind Pflaumen wie Zwetschen zu behandeln, siehe dort. Etwas für Feinschmecker ist der französische oder schweizerische „Vielle prune“, ein im Eichenfass gelagerter Pflaumenbrand. In der Schweiz wird dafür oft die Löhrpflaume (Pflümli) verwendet.

Quitte

Merke:
Werden die Quitten vor dem Einmaischen ein bis zwei Stunden gekocht, bis sie weich und braun sind, ist der Geschmack noch intensiver.

Quitten sind sehr harte und trockene Früchte. Am besten können Sie diese mit einem Häcksler oder Entsafter zerschnetzeln. Für Gummistiefel sind sie leider zu hart. Der Maischebrei ist sehr trocken, geben Sie daher ca. ein Drittel Wasser zu. Auf jeden Fall Verflüssiger zugeben, sonst werden die Schalen und das harte Fruchtfleisch nicht optimal zersetzt. Es ist

hier sinnvoll, die *doppelte Verflüssigermenge* als auf der Packung angegeben zu benutzen. Interessant ist, dass die kleinen japanischen Zierquitten viel geschmackvoller als die herkömmlichen, großen Früchte sind.

Reis (Sake)

Für diese Vergärung gibt es zwei Möglichkeiten: Einerseits wie gewohnt für stärkehaltige Produkte, wobei der Reis roh und gemahlen zu verarbeiten ist. Eine zweite Möglichkeit: Den Reis kochen, abkühlen lassen, mit wenig Wasser versetzen. Nun noch Hefe, Zucker und die *doppelte Dosiermenge Verflüssiger* zugeben, womit auch ein ausgezeichneter Reisschnaps entsteht.

Rhabarber

Den Rharbarber klein schneiden und zu einem Brei verarbeiten, die äußere Schale dran lassen. Er ist sehr sauer und kann sehr gut zum Ansäuern von anderen Maischen verwendet werden.

Schlehe

Dieser Brand wird von Kennern sehr geschätzt. Für die Ernte von Schlehen sollten Sie den ersten Frost abwarten. Die Früchte mit den Kernen (Steinen) zermatschen und darauf achten, dass sie ganz bleiben. Nach der Vergärung sammeln sich die vom Fruchtfleisch abgelösten Steine am Fassboden. Brennen Sie ca. 10 % der Steine mit.

Es ist nicht unbedingt notwendig, frische Früchte zu verwenden. Getrocknete Schlehen sind im Fachhandel und in Gewürz- und Kräuterhandlungen erhältlich. 6 kg getrocknete Schlehen (ganz) je 45 Liter Apfelmaische ergeben eine perfekte Mischung. Die Früchte vor der Gärung zugeben.

Süßkartoffel

Diese Kartoffelart enthält sowohl Zucker als auch Stärke. Auf Grund ihres doch erheblichen Zuckeranteils kann sie wie normales Obst vergoren werden. Die Kartoffeln waschen, schälen und gut zerkleinern. *Bis zur Hälfte Wasser zugeben*, da die Kartoffelmaische sonst zu trocken wäre. Geben Sie *ca. die drei- bis vierfache Dosiermenge vom Verflüssiger hinzu.*

▼ Süßkartoffeln und Topinambur

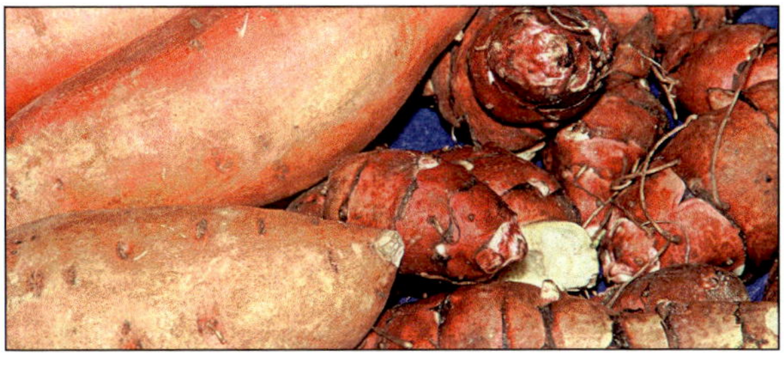

Topinambur

Wie die Süßkartoffel enthält diese Wurzel sowohl Stärke als auch vergärbaren Zucker und kann wie diese normal vergoren werden. Topinambur erst im Spätfrühling des Folgejahres ernten, dies erhöht erheblich die Ausbeute und den Geschmack. Sie können bis zur Hälfte Wasser zugeben und eine große Menge Verflüssiger. Sollte Ihr Verflüssiger keine Details bezüglich Topinambur angeben, so verwenden Sie *ca. die drei- bis vierfache Menge* im Vergleich zur normalen Dosierung. Der Geschmack ist interessant erdig.

Vogelbeere bzw. Eberesche

Die Vogelbeeren ergeben einen im Handel hochpreisigen Schnaps. Wenn Sie die Beeren pflücken und danach gründlich reinigen, werden Sie auch wissen warum. Es ist eine enorme Arbeit, denn die vielen kleinen Stängel müssen von den Früchten unbedingt entfernt werden. Für das Pflücken empfehlen einige Schnapsbrenner den ersten Frost abzuwarten. Wir konnten diesen Tipp nicht befolgen, denn nach dem ersten Frost haben die Vögel, die nach den Beeren ganz verrückt sind (daher stammt auch der Name), kaum noch ganze Beeren zurückgelassen. Wir pflücken Vogelbeeren daher immer bereits Mitte Oktober. Die Früchte sind sehr wasserarm, hier können Sie *gut ein Drittel Wasser zugeben.*

Wacholder (Kranawett)

Der reine Wacholderschnaps aus Maische ist heute nur noch sehr selten zu finden. Dafür werden die Beeren im Herbst nach dem ersten Frost vom Strauch geschüttelt. *Wasser im Verhältnis 1:1 zusetzen*, da die Wacholderbeeren sehr wasserarm sind. Nicht zerquetschen oder schroten, sonst bekommt der Brand einen sehr harzigen Geschmack, so ähnlich wie Zirbengeist.

Die heute übliche Verarbeitung ist eine Mischung aus Apfelmaische und Beeren, die sehr gut auch getrocknet verwendet werden können (in Gewürz- und Kräuterhandlungen erhältlich). In diesem Fall werden die ganzen Wacholderbeeren der noch nicht gärenden Maische zugesetzt und mitvergoren (ca. 1 kg je 45 Liter). Diese Mischung schmeckt genauso wie das slowakische Nationalgetränk, der Borovička. Gin und Genever sind ebenfalls Wacholderschnäpse, jedoch sind beide ein Geist, kein Brand (siehe Kapitel 7).

Weintrauben (Grappa, Tresterbrand)

Der Trester ist der Pressrückstand bei der Weinherstellung, also eigentlich ein Abfallprodukt. Werden die Trauben ausgepresst und der Saft zu Wein weiterverarbeitet, kann der Trester ebenfalls vergoren und daraus der Tresterbrand hergestellt werden. Er enthält wegen der hohen Anreicherung an Kernen im Trester relativ viel Methanol, darum schmeckt er auch so unangenehm scharf.

Folgende Variante ergibt einen erstaunlich geschmackvollen und milden Tresterbrand: Merlot-Trester hochgradig vergären wie beschrieben (ca. die doppelte Verflüssiger-Menge verwenden als angegeben) und nach der zweiten Zuckerzugabe, noch bevor die dritte Ration zugegeben wird, alles was obenauf schwimmt abschöpfen.

Grappa: Typischerweise werden die Traubensorten Gewürztraminer und Muskateller dafür verwendet, da diese im Vergleich zu anderen Trauben mehr Aroma und Geschmack im Destillat ergeben. Durch Zufall haben wir entdeckt, dass sich aus der Isabellatraube ein exzellenter, besonders aromatisch-fruchtiger, ja fast süßlicher Grappa ergibt. Er duftet ein wenig erdbeerartig, so ähnlich wie der italienische Fragolinowein. Die Isabellatraube ist ein Direktträger und wird in der Oststeiermark und im Burgenland angebaut, der daraus erzeugte Wein nennt sich Uhudler (früher oft als minderwertig angesehen, ist daraus inzwischen eine ausgezeichnete Spezialität geworden). Die Weintrauben zuerst von den Stängeln befreien, danach können sie zu einem Brei verarbeitet werden. Diesen Brei wie gewohnt gären lassen. Die Weinbauern pumpen den entstandenen Traubensaft unten ab und füllen ihn oben wieder ein, um so eine gleichmäßige Gärung zu gewährleisten. Wir machen das aber wie gewohnt mit Umrühren. Nach Ende der Gärung wird bei den Weinbauern der Fruchtwein oben abgepumpt und als Wein abgefüllt. Den unten liegenden Satz presst man leicht aus und macht daraus Grappa. Durch das Pressen wird der Fruchtkuchen und der ausgepresste Traubensaft bitter und gibt dem Grappa den markanten Geschmack. Je nach Vorliebe sollte hier mehr oder weniger stark ausgepresst werden. Je fester Sie pressen, um so bitterer das Produkt. Es gibt hier viele Varianten der Herstellung:

▼ Weintrauben

► Den ungepressten Fruchtkuchen zum Destillieren verwenden: Hierfür den Kuchen nur sehr leicht ausdrücken, so dass noch genug Flüssigkeit im Kuchen vorhanden ist.
► Den Fruchtkuchen pressen, mit dem ausgepressten Wein verdünnen und destillieren. Der Wein ist je nach Pressstärke mehr oder weniger herb und gibt so den typischen Grappageschmack.
► Den Fruchtkuchen pressen, mit dem aus der vorhergehenden Weinherstellung abgezogenen Wein verdünnen und destillieren. Durch die Zugabe des abgezogenen Weines und nicht des ausgepressten Fruchtsaftes wird der Grappa milder.

Am einfachsten können Sie die Trauben wie normale Maische behandeln. Um die würzigen Bitterstoffe vom Grappa zu intensivieren, pressen Sie einen Teil der Trauben aus, und geben sie dann in das Maischefass. Die ungepresste Maische (Behandlung wie jedes andere Obst) ergibt die höchste Qualität und geringste Schärfe im Destillat.

Weintraube (Cognac, Grappa barrique, Weinbrand)

Für die Herstellung eines Cognacs verwenden Sie weiße Trauben. Diese von den Stängeln befreien und laut Rezept vorgehen. Das klare, unverdünnte Destillat lagern Sie in Eichenfässern, sofern Sie solche haben. Andernfalls verwenden Sie Glasballons und geben Eichenspäne in das Gefäß (siehe Kapitel 4, Lagerung).

Grappa barrique ist, wie der Name bereits vermuten lässt, ein in Barriquefässern gelagerter Grappa. Ein guter Grappa barrique ist qualitativ mit einem guten Single Malt oder XO-Cognac gleichzusetzen. Inzwischen hat sich, ähnlich wie bei Single Malt, eine rege Liebhabergemeinde und Sammlerszene etabliert, da jeder Grappa barrique anders schmeckt, abhängig von der Traubensorte, der Holzsorte des Fasses, der Lagerdauer und des vorher im Fass befindlichen Weines. Böse Zungen behaupten, Barriquewein werde nicht des Weines, sondern der Fässer wegen hergestellt, schließlich seien die das Wertvolle an dem Ganzen…

Zuckerrohr (Rum)

Dazu wird Zuckerrohrmelasse oder frisch gepresster Zuckerrohrsaft vergoren. Am besten eignet sich dafür das Rezept auf Seite 122, jedoch sind statt 8 kg Zucker 13,5 kg Melasse zu verwenden, da der Zuckeranteil ca. 60 % beträgt. Zuckerrohrsaft enthält ca. 21 % Zucker, daher die Hefe in den unverdünnten Saft einrühren. Durch Destillation entsteht der weiße Rum. Wird dieser in angekohlten Eichenfässern gelagert oder mit Holzchips behandelt (siehe Kapitel 4, Lagerung), wird er braun und nimmt einen milden süßlichen Geschmack an. Daher spricht man auch vom braunen Rum.

Zwetsche (Slibowitz)

Der absolute Klassiker und dies zu Recht. Die Kerne (Steine) beim Einmaischen mitverwenden, achten Sie aber darauf, dass diese nicht zerstört werden. Zerbrochene Steine entfernen. Nach der Vergärung sammeln sich diese am Boden des Gärfasses; Sie können sie mit einem Sieb herausfischen. Es ist empfehlenswert, ca. 10 % der (unbeschädigten!) Steine beim Destillieren mitzubrennen, nur auf diese Weise erhält man den klassischen Slibowitz- bzw. Zwetschenbrand-Geschmack.

Fruchtwein

Die Maische muss nicht immer gebrannt werden, es lässt sich daraus auch sehr einfach Fruchtwein herstellen. Ein richtiger Bio-Wein, frei von Chemikalien und Schwefelzusätzen. Sie müssen dazu die Maische nur noch filtrieren und klären.

Filtration der Maische

Breiten Sie über die Öffnung eines großen Gefäßes ein Metall- oder Kunststoffnetz, z.B. Fliegengitter aus dem Baumarkt, und beulen es in das Gefäßinnere, so dass eine Art Sieb entsteht. Nun befestigen Sie das Netz mit einem Eisenring, einer Schelle oder einem Draht am Gefäßrand. Füllen Sie das Netz mit Maische, geben einen Deckel darüber und lassen es langsam über Nacht abtropfen.

▼ Vorrichtung für die Filtration der Maische

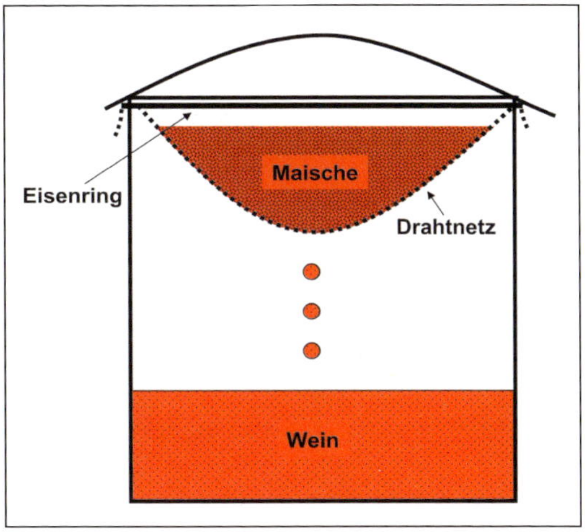

▲ Kleine Obstpresse

Auspressen des Feststoffes

Sammeln Sie den Filterkuchen und geben ihn in eine Fruchtpresse. Sollten Sie über keine Fruchtpresse verfügen, drücken Sie den Filterkuchen in einem Tuch kräftig aus. Dazu den Filterkuchen in die Mitte des Tuches legen, die vier Ecken miteinander verknoten und mit einem Stock fest zudrehen.

Abziehen des Fruchtweins

Den gesammelten Wein geben Sie in Flaschen und lassen diese verschlossen einige Monate stehen. Nach dieser Zeit haben sich die abgestorbene Hefe und sonstige Trübstoffe am Boden abgesetzt, in der Flasche ist klarer Wein. Um den klaren Wein abzuziehen geben Sie einen Schlauch in die Flasche, aber nicht bis ganz auf den Boden, sonst würden die Trübstoffe mitgesaugt werden. Darunter stellen Sie eine leere Flasche und saugen am Schlauch kräftig an, der Wein rinnt dann von alleine ab.

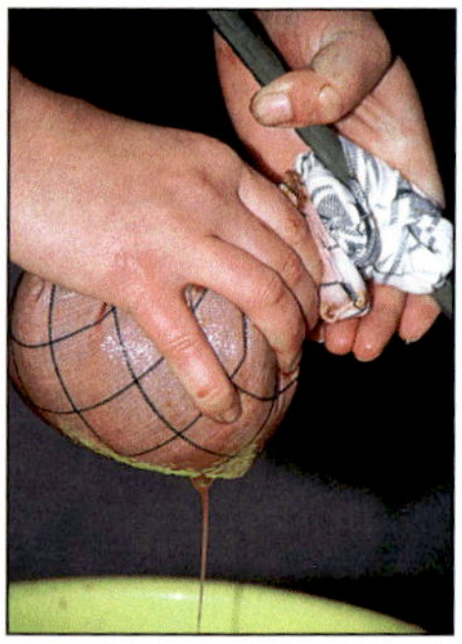

▲ Auspressen des Filterkuchens mit einem Tuch

Lagerung

Wenn Sie mit einer hochgradigen Maische gearbeitet haben, kann der Wein problemlos ohne chemische Zusätze lange gelagert werden, da er durch den hohen Alkoholgehalt geschützt ist. Beim Trinken sollten Sie jedoch bedenken, dass dieser Wein stärker als so mancher Likör ist.

Bei Wein aus herkömmlichen Maischen ist der Alkoholgehalt zu gering, um vor Mikroorganismen zu schützen, d.h. ohne besondere Konservierungsmaßnahmen (siehe Kapitel 2, Aufbewahrung der Maische) ist er nicht lange lagerbar.

Auch hier gilt: In Glasflaschen abgefüllt ändert sich der Wein kaum mehr, und die Holzfasslagerung bringt positive Geschmacksveränderungen. Kunststoffgefäße, die für diesen Zweck nicht ausdrücklich geeignet sind, sollten Sie vermeiden.

Kapitel 6

Angesetzte

Diese Art der Schnapsherstellung ist die einfachste überhaupt. Dazu werden Früchte oder Kräuter in geschmacklosem Alkohol eingelegt. Der Alkohol zieht die Aromen und Geschmacksstoffe aus den eingelegten Substanzen heraus und dadurch erhält der Angesetzte seinen Geschmack und auch die Farbe.

Erforderliche Materialien

Um einen Angesetzten herzustellen, sind folgende Grundmaterialien notwendig:

- geschmackloser Alkohol
- destilliertes Wasser
- Früchte oder Kräuter
- ein großes Gurkenglas (5 l) mit Deckel

Bei der Beschaffung des *geschmacklosen Alkohols* haben Sie mehrere Möglichkeiten: Einerseits gibt es Schnäpse zu kaufen, die sehr geschmacksarm sind, wie z.B. Wodka, Korn oder weißer Rum. Diese Spirituosen werden aus Kartoffeln, Gerste oder Zuckerrohr hergestellt und haben einen Alkoholgehalt um die 40 %vol.

▼ Angesetzte

Eine zweite Möglichkeit ist Weingeist. Dies ist ein reiner, vollkommen geschmacksneutraler Alkohol mit einer Konzentration von 96 %vol. Er ist in der Apotheke erhältlich, wird allerdings nur in reglementierten Mengen abgegeben. Im Regelfall bekommt man einen halben bis einen Liter, die Kosten betragen ca. 18,00 Euro je Liter (hängt von der jeweiligen nationalen Alkoholsteuer ab).

Die dritte Variante ist der mit der Turbohefe selbst erzeugte geschmacklose Alkohol. Das Originalrezept auf der Packung „Turboyeast 8 kg Prestige" lautet wie unten, beachten Sie den Unterschied zu Fruchtmaischen. Im Gegensatz zu reinem Zuckerwasser sind in Fruchtmaischen Nährsalze, feste Bestandteile und andere Stoffe enthalten, die eine andere Vorgehensweise, vor allem bezüglich der Zuckerzugabe, erfordern.

Rezept für geschmacklosen Alkohol

8 kg Zucker in 8 Liter heißes Wasser geben, umrühren bis sich der Zucker komplett aufgelöst hat. Auf 25 Liter mit kaltem Wasser auffüllen (das Gesamtvolumen beträgt somit 25 l), dann 30 Sekunden umrühren. Aufpassen, dass die Temperatur nicht höher ist als 28 °C, anschließend 115 g Turbohefe (das ganze Säckchen) hinzufügen und 1 Minute lang umrühren. Danach 10 Tage bis 3 Wochen (je nach Temperatur) gären lassen. Bei einer kleineren Menge die Angaben entsprechend umrechnen, mindestens jedoch immer ein gehäufter Teelöffel voll Turbohefe.

Um beißend-scharfen Geruch/Geschmack, Hefegeruch usw. zu vermeiden, empfiehlt es sich, die bereits fertig ausgegorene Zucker-Wasser-Maische, wie hochgradige Obstmaischen, vor dem Brennen zumindest ca. 6 Monate stehen zu lassen. Nach der Destillation mit einer pot still beträgt der Alkoholgehalt ca. 55 – 60 %vol.

Als vierte Variante können Sie den mit Aktivkohle behandelten und ein zweites Mal destillierten Nachlauf verwenden. Die Alkoholkonzentration hängt von Ihren Produkten ab, Sie müssen in diesem Fall selbst nachmessen.

Je nach Stärke des verwendeten geschmacklosen Alkohols muss mit destilliertem Wasser (siehe Seite 94) verdünnt werden. Wenn der Ansatz später destilliert werden soll, genügt auch Leitungswasser. Bei Ansatzschnäpsen wird mit zwei verschiedenen Alkoholkonzentrationen gearbeitet: 43 %vol Alkohol für wasserfreie Früchte und Kräuter, und 53 %vol für wässrige Früchte.

Ansatzschnäpse

Ansatzalkohol	Ansatzgut
43 %vol	► Kräuter jeder Art ► Orangen- und Zitronenschalen ► Maiwipferln ► Holunderblüten ► Kaffeebohnen ► usw.
53 %vol	► Himbeeren ► Johannisbeeren (rot o. schwarz) ► Schlehen ► Zirbenzapfen ► grüne, unreife Nüsse ► Kirschen ► Walderdbeeren ► usw.

Prinzipiell gilt, je höher die Alkoholkonzentration, um so größer ist die Extraktionskraft. Kräuter in 96 %vol Alkohol angesetzt, ergeben eine tief grüne Tinktur und werden dabei selbst schneeweiß, da der Alkohol den Kräutern die ganze Farbe entzieht. Außerdem zerbröseln sie wie dünnes Glas zwischen den Fingern. Allerdings werden bei 96 %vol auch viele Stoffe herausgelöst, die nicht unbedingt zu einem guten Aroma beitragen.

Bei den *Früchten* ist es am besten, wenn sie frisch sind, dann haben sie das meiste Aroma. Aber auch tiefgefrorene Früchte wie z.B. Himbeeren eignen sich gut zum Ansetzen. Auf eines sollten Sie bei der Auswahl der Früchte achten: dass sie sehr geschmackvoll und nicht zu wässrig sind. So sind Kirschen, Walderdbeeren, rote oder schwarze Johannisbeeren oder Schlehen wunderbar geeignet. Melonen, gezüchtete Erdbeeren oder Kiwis schmecken angesetzt eher „nach nichts“. Getrocknete Früchte sollten nur verwendet werden, wenn wirklich der Geschmack der getrockneten Frucht erwünscht ist, da dieser sich erheblich vom ursprünglichen Geschmack unterscheidet. Bevor die Früchte in das Ansatzgefäß kommen, sollten sie gut gewaschen und gereinigt werden. Denn Schmutz oder faule

TIPP

Wenn Sie mit gekauften Spirituosen um die 40 %vol arbeiten, sollten Sie nur Produkte aus der Liste „43 %vol" zum Ansetzen verwenden. Andernfalls würde der Ansatz zu wässrig werden, da das Fruchtwasser den Alkohol verdünnt.

Gekauften Weingeist (96 %vol) können Sie problemlos 1:1 mit destilliertem Wasser auf 48 %vol verdünnen. Sie können dann alle Produkte zum Ansetzen auswählen.

Früchte verderben das ganze Produkt, und es ist nicht mehr zu retten.

Kräuter können Sie selbst züchten oder Sie besorgen sich frische Produkte vom Markt. Es gibt auch fertige Kräutermischungen, diese sind aber leider ziemlich teuer. Auch hier gilt, dass die Kräuter ordentlich gesäubert werden sollten, bevor sie in das Ansatzgefäß kommen. Sie haben auch die Möglichkeit, Kräuter nach und nach in das Ansatzgefäß zu geben. Wenn die Kräuter nach einem Ansatz abfiltriert werden, können diese für einen neuen Ansatz nochmals verwendet werden.

Bei Kräutern können Sie sehr gut verschiedenste Mischungen kreieren, nicht jedoch bei Früchten, denn dann entspricht dies eher einem Rumtopf (was kein Angesetzter ist, aber sich als Likör hervorragend eignet).

Hinweis:
Es muss sich beim Gefäß nicht gerade um ein Gurkenglas handeln, wichtig ist nur, dass es eine große Öffnung hat. Es darf nicht aus Kunststoff sein, weil der hochprozentige Alkohol gewisse Inhaltsstoffe herauslösen kann, die nicht nur das Aroma verderben, sondern noch dazu giftig sind.

Prinzipiell können Sie *alles* ansetzen, was nicht giftig ist, z.B. auch Kokosnuss, Kaffeebohnen, Knoblauch, Morcheln, usw. Geben Sie aber keinesfalls Zucker oder Sahne in den Angesetzten, denn dann handelt es sich um einen Likör.

Füllen Sie das 5 l-Gurkenglas etwa zu einem Drittel mit Früchten oder Kräutern auf. Vorsicht bei harzigen oder bitteren Substanzen: Eine zu große Menge kann den Geschmack zerstören. Dagegen hilft dann oft, einmal überzudestillieren. Auch bei einigen Kräutern/Gewürzen wie Liebstöckl (Maggikraut), Zitronenschalen oder Wacholder sollten Sie keinesfalls zu viel zugeben. Wenn Sie von den wässrigen Früchten mehr als ein Drittel verwenden, so muss auch der Alkoholgehalt im Ansatz höher als

53 %vol sein. Denn durch die Früchte bringen Sie mehr Wasser in das Gefäß, somit wird der Alkohol stärker verdünnt.

Nach der Zugabe des Ansatzgutes füllen Sie das Gefäß mit Alkohol auf und und schließen es luftdicht ab. Die Früchte/Kräuter sollten mindestens sechs bis acht Wochen ziehen, um einen guten Geschmack zu erzielen. Am besten lagert man den Angesetzten bei Zimmertemperatur und stellt ihn ab und zu in die Sonne, das tut ihm besonders gut. Es spricht nichts dagegen, alles auch länger im Alkohol zu lassen, außer bei Beeren. Hier sollten Sie spätestens nach ca. sechs bis sieben Wochen die Früchte entfernen, da sich sonst die Bitterstoffe der vielen kleinen Kerne ebenfalls langsam im Alkohol zu lösen beginnen und der Angesetzte damit bitter wird.

Ansatzschnäpse – Zubereitung

geschmackloser Alkohol	Konzentration: 43 %vol, bei wässrigen Früchten 53 %vol
Früchte-, Kräutermenge	ca. ein Drittel des Gefäßvolumens
Ziehdauer	mindestens 6 bis 8 Wochen (Beeren max. 6 – 7 Wochen)

Wenn der Angesetzte fertig ist, können Sie ihn direkt trinken. Die Früchte eignen sich übrigens hervorragend als Dessert. Aber Vorsicht, der Hochprozentige bleibt in der Frucht. Angesetzte mit harzigen bzw. bitteren Zutaten wie Zirben, Nüsse, Zitrusschalen usw. sollten destilliert werden, andernfalls sind sie nur was für „Spezialisten".

Bevorzugen Sie klaren, farb-, aber nicht geschmacklosen Schnaps, so destillieren Sie den Angesetzten, ohne ihn vorher zu verdünnen. Verfügt Ihre Brennanlage über einen Aromakorb, befüllen Sie diesen mit den Früchten/Kräutern aus dem Angesetzten, denn diese enthalten sehr viel Aroma und Alkohol. Hat Ihre Anlage keinen Aromakorb, geben Sie die Früchte direkt in die Flüssigkeit.

▲ Die Früchte zerkleinern (im Bild grüne Nüsse).

◄ Ein Drittel des Gefäßes damit füllen (auch Gefrorenes ist möglich, wie hier im Bild).

Geschmacksarmen Alkohol auf 50 %vol verdünnen. ►

Ansatzglas (5 l) ► mit Alkohol auffüllen.

Herstellung eines Angesetzten

▼ Verschlossen mindestens 6 bis 8 Wochen stehen lassen (links frisch, rechts nach acht Wochen).

Rezepte

Bei den Zutaten für Angesetzte können Sie Ihrer Fantasie freien Lauf lassen, Sie können kaum etwas falsch machen. Den erforderlichen Alkoholgehalt für die jeweiligen Früchte entnehmen Sie der Tabelle auf Seite 123. Die Angaben beziehen sich auf ein 5 Liter Gefäß. Im Allgemeinen das Glas zu einem Drittel mit dem Ansatzgut befüllen und anschließend mit Alkohol aufgießen bis es voll ist. Davon abweichende Angaben sind in den Rezepten angegeben.

Absinth

siehe Wermut

Brombeere

Waldbrombeeren oder Beeren aus dem Garten eignen sich am besten, die im Handel erhältlichen Früchte haben meist viel zu wenig Aroma. Den Ansatz vier bis fünf Wochen ziehen lassen. Verzichten Sie im Anschluss auf die Destillation, denn es würde kaum Aroma in das Destillat mitkommen. Wenn Sie beim Brennen jedoch zusätzlich frische Beeren in den Aromakorb geben, so wird auch der klare Brombeerschnaps einen guten Geschmack erhalten.

Chili

Durch die Zugabe von drei bis vier roten Chilischoten auf 5 Liter geschmacklosen Alkohol erhält man im wahrsten Sinne einen scharfen Ansatz. Alternativ können auch scharfe Peperoni verwendet werden. Sie sollten den Ansatz keinesfalls länger als zwei bis drei Wochen ziehen lassen, andernfalls wird der Schnaps so scharf, dass Sie ihn einfach nicht mehr trinken können.

Chillis ►

◀ Erdbeeren

Erdbeere

Für den Ansatz kommen nur Walderdbeeren in Frage oder eventuell noch sehr kleine Beeren aus dem Garten. Alle anderen im Handel erhältlichen Erdbeeren sind viel zu wässrig, es entsteht fast kein Aroma.

Füllen Sie das Glas am besten zu einem Drittel oder bis zur Hälfte mit Walderdbeeren voll und lassen das Ganze mindestens drei Wochen, aber maximal eineinhalb Monate ziehen. Sie werden einen sehr fruchtigen Erdbeerschnaps erhalten. Die angesetzten Erdbeeren eignen sich auch besonders gut für Desserts.

Enzian

Die Wurzel des gelben, rotblühenden, punktierten oder ungarischen Enzians waschen und zerkleinert ansetzen. Getrocknet genügen etwa 50 g je 5 l. Der blaue Enzian ist für die Herstellung von Schnaps nicht geeignet.

Die Wurzel ist sehr geschmacksintensiv, so dass diese auch für einen zweiten Ansatz verwendet werden kann. Es empfiehlt sich, den Ansatz einmal zu destillieren.

(Gemeine) Felsenbirne

Diese Sträucher mit den kleinen, weinroten Früchten wachsen in vielen Gärten, ohne dass die meisten Besitzer wissen, welch gutes Aroma in ihnen steckt. Sind die Beeren vollreif und weich, werden sie angesetzt. Auch das Destillat davon ist hervorragend.

Hagebutte

Ernten Sie die Hagebutten nach dem ersten Frost, dann haben sie das beste Aroma und sind schön weich. Sie sollten alle Blätter und Stängel säuberlich entfernen und dann mindestens vier bis fünf Wochen ziehen lassen.

Haselnuss

Die Nüsse vor dem Ansetzen leicht anrösten, dann wird das Aroma viel intensiver. Danach die Nüsse halbieren und ziehen lassen.

Heidelbeere bzw. Schwarzbeere

Für diesen Ansatz eignen sich am besten selbst gepflückte, wilde Beeren, da diese ein viel intensiveres Aroma haben als die im Handel erhältlichen, z. T. enorm großen Beeren. Den Ansatz mindestens fünf bis sechs Wochen ziehen lassen. Sie sollten ihn nicht destillieren, da in diesem Fall ein großer Teil des Aromas verloren geht. Die Destillation kommt nur in Frage, wenn Sie zusätzlich während des Brennens frische Beeren in den Aromakorb geben, nur auf diese Weise erhalten Sie genug Geschmack.

Himbeere

Waldhimbeeren sind auch hier das Beste, was Sie verwenden können. Die Himbeere ist eine sehr aromatische Frucht, daher ist es ohne weiteres möglich, tiefgefrorene Beeren aus dem Supermarkt zu verwenden. Auch hier wieder die Ziehdauer beachten, maximal sechs bis sieben Wochen. Die „betrunkenen" Himbeeren schmecken wunderbar mit Schlagsahne!

> **Tipp**
>
> Wir haben einen klaren Himbeerschnaps in eine schöne Flasche gefüllt und zur Dekoration ein paar Himbeeren dazugegeben. Es sollte ein Geschenk sein. Als wir die Flasche einige Wochen später sahen, waren wir entsetzt. Die Himbeeren in der Flasche waren fast farblos und ganz schwammig. Geben Sie also keine Himbeeren zur Dekoration in einen klaren Schnaps, die Früchte verlieren nach kurzer Zeit Farbe und Aussehen.

Holunderblüte

Holunderblüten können Sie mitsamt der dünnen Stängel in das Ansatzgefäß geben. Füllen Sie es ca. bis zur Hälfte auf, damit der Geschmack auch wirklich stark hervorkommt. Wenn Sie Zitrusfrüche (2 Orangen und 1 Zitronen in 5 l) dazugeben ist der Ansatz im Geschmack besonders erfrischend.

Hopfen

Für den Ansatz können Sie wilden Hopfen verwenden, der nahezu überall zu finden ist. Sie können ihn ziehen lassen, solange Sie möchten. Nach kurzer Zeit wird sich bereits alles rot-braun einfärben. Sollte Ihnen der Geschmack zu würzig oder bitter sein, einfach einmal destillieren.

Rote und schwarze Johannisbeere

Das Glas zu einem Drittel mit Früchten füllen. Die Stängel vollkommen entfernen. Die schwarze Johannisbeere ist für den Ansatz noch aromatischer als die rote. Den Ansatz maximal eineinhalb Monate ziehen lassen, sonst entsteht ein unangenehmer Beigeschmack.

Kaffee

Geben Sie 800 ml Kaffeebohnen oder 400 ml gemahlenen Kaffee in das Gefäß. Die Ziehdauer ist unbegrenzt. Möchten Sie den Angesetzten nicht destillieren, filtrieren Sie den gemahlenen Kaffee am besten mit einem Kaffeefilter ab.

Kirsche

Bei den Kirschen sollten Sie sehr reife Früchte verwenden und darauf achten, dass sie keine Würmer haben. Besonders gut eignen sich Sauerkirschen, diese haben meist auch keine Würmer und sind besonders aromatisch. Die Früchte unbedingt zum Dessert genießen! Wird dieser Angesetzte destilliert, geht zu viel Aroma verloren, sofern Sie nicht frische Kirschen in den Aromakorb geben.

Kräuter

Bei Kräuterschnäpsen können Sie unzählige Mischungen und Variationen verwenden. Unser *Ulrichsbergbitter* ist ein tiefbrauner Kräuterschnaps aus: 54 g Wermut, 20 g Zitro-

◀ Himbeeren, Brombeeren und Johannisbeeren

nenmelisse, 10 g Salbei, 5 g Goldmelisse, 5 g Eibisch, 5 g Weinraute, 1 g Liebstöckl, 5 g Minze, 5 g Eberraute, 10 Blütenblätter der Arnika und 5 g Muskatellersalbei für einen 5-Liter-Ansatz. Erst nach ca. ein bis zwei Monaten färbt er sich durch die Zitronenmelisse ganz dunkel. Auch die destillierte Variante ist ausgezeichnet.

Möchten Sie *einzelne Kräute*r ansetzen, so sind folgende zu empfehlen: Zitronenmelisse, Salbei, Weinraute (lat. Rutes graveolens), Wermut.

Limette

Limetten (mit unbehandelter Schale) mit einem Kartoffelschäler dünn schälen. Es sollte möglichst wenig von der weißen Schale dazukommen, sonst wird es bitter. Füllen Sie das Glas zu einem Viertel bis Drittel sehr locker mit den Schalen auf. Der Angesetzte kann ohne Zeitbegrenzung ziehen. Er ist sehr bekömmlich und auch das Destillat ist hervorragend. Hier müssen Sie auf Grund der ätherischen Öle allerdings mit einer milchigen Trübung beim Verdünnen rechnen.

„Maiwipferln" bzw. Fichtentriebe

Für diesen Ansatz verwendet man die hellgrünen, frischen und ganz weichen Fichtentriebe. Diese können Sie im Mai, daher auch „Maiwipferl", sammeln. Füllen Sie das Glas zu einem Drittel voll, Sie können es beliebig lange ziehen lassen. Der Geschmack ist leicht harzig. Sie können auch die frischen Triebe anderer Nadelbäume verwenden wie z.B. Latsche, Lärche usw.

Morchel

Etwas für Spezialisten: Getrocknete Morcheln einlegen. Das Glas maximal zu einem Drittel füllen, das genügt. Sie können diese Mixtur endlos ziehen lassen. Die eingelegten Morcheln sehen übrigens sehr originell aus!

Nuss

Der angesetzte Nussschnaps ist eine besondere Delikatesse. Die Nüsse werden bereits Anfang bis Mitte Juni geerntet, wenn sie innen weich sind und noch keine harte Schale entstanden ist. Die noch grünen Nüsse werden mit der Schale angesetzt, große Exemplare geviertelt, kleine halbiert. Für den Johannistrunk müssen die Früchte am Namenstag von Johannes dem Täufer (= 24. Juni) geerntet werden.

Füllen Sie das Ansatzglas zu einem Drittel voll. Die Ziehdauer ist beliebig lange, aber bereits nach drei bis vier Wochen wird der Angesetzte vollkommen schwarz bzw. tief dunkelgrün sein. Der Nussangesetzte ist sehr bitter, fast ungenießbar. Sein gutes und trinkbares Aroma erhält er erst nach der Destillation, da die Bitterstoffe im Kessel zurückbleiben.

Tipp

Wenn Sie grüne Nüsse bearbeiten, ziehen Sie unbedingt Handschuhe an! Nachdem wir die Nüsse fein säuberlich aufgeschnitten hatten, waren die Hände durch den Saft der Nüsse braun-schwarz. Da half kein Waschen, Rubbeln oder Putzen. Wir mussten warten, bis die Farbe ausgewachsen war (drei bis vier Wochen)!

Orange

Besonders im Winter, wenn die Orangen billig und überall erhältlich sind, ist dafür die beste Ansatzzeit. Verwenden Sie unbedingt unbehandeltes Obst, also mit nicht-gewachsten Schalen. Mit einem Kartoffelschäler nehmen Sie die äußerste Schale ab. Achten Sie darauf, dass kaum etwas vom weißen Teil der Schale dabei ist, denn in diesem befinden sich Bitterstoffe. Befüllen Sie das Ansatzgefäß bis zu einem Viertel oder maximal Drittel ganz locker mit den Schalen. Nach zwei bis drei Wochen ist ein ausgezeichneter Orangenschnaps entstanden. Er mundet sowohl undestilliert als auch als klarer Schnaps. Destillieren Sie den Angesetzten, so müssen Sie beim Verdünnen mit einer Trübung rechnen, da sehr viel ätherisches Öl in den Schalen enthalten ist.

Pilze

Man mag es kaum glauben, aber auch (Wald)pilze können angesetzt werden. Das Glas zu einem Drittel mit den ganzen Pilzen füllen. Geschmacklich sehr interessant sind z.B. Pfifferlinge (Eierschwammerl), Morcheln, Parasole oder Herren- bzw. Steinpilze. **Achtung:** Der Faltentintling ist in Verbindung mit Alkohol giftig.

Schlehe

Ernten Sie die Schlehen nach dem ersten Frost und füllen Sie das Glas zu ca. einem Drittel mit den Früchten inklusive Kerne (Steine) auf. Auch die Schlehen selbst schmecken danach hervorragend. Das Destillat hat eine intensive Marzipan-Note von den Kernen.

Wermut (Absinth, „die grüne Fee")

Der Absinth war früher auf Grund seiner „teuflischen" Wirkung verboten. Diese Wirkung ist aber eher auf den Alkoholgehalt und die getrunkene Menge zurückzuführen als auf seinen Hauptbestandteil, den Wermut. Auch Anis wird je nach Produkt in unterschiedlich hoher Konzentration zugegeben. Absinth ist im Wesentlichen nichts anderes als ein Kräuterschnaps. Es gibt für dieses Produkt kein fixes Rezept, jeder macht es anders, sowohl mit unterschiedlichen Zutaten als auch in der Menge.

Hier unsere Variante für einen Ansatz von 5 l: 70 g Wermut, 10 g Anis, 5 g Weinraute (lat.: *Rutea graveolens*), 5 g Salbei, 5 g Zitronenmelisse und 5 g Eibisch. Füllen Sie das Glas zu einem Drittel mit der Kräutermischung.

> **Tipp**
>
> Sie können auch mehr von dieser Kräutermischung machen und diese dann einfrieren. Je nach Bedarf können Sie ein Päckchen auftauen; das Aroma bleibt bei frisch geernteten Kräutern hervorragend.

Lassen Sie alles mindestens fünf bis sechs Wochen ziehen. Den fertigen Absinth brauchen Sie nur noch abzufiltrieren. Sollten Sie einen klaren Schnaps bevorzugen oder Ihnen der Geschmack zu bitter sein, einfach den Angesetzten einmal destillieren.

Hier eine weitere Variante: 25 – 30 g Wermut, 50 – 80 g Anissamen, 40 – 50 g Fenchel und zusätzlich noch insgesamt 50 g von Melisse, Pfefferminze, Koriander, Ysop, Rainfarn, Ehrenpreis, Angelika und Sternanis für 1 Liter Alkohol. Den Angesetzten mit den Kräutern destillieren. Möchten Sie trotz Destillation einen original grünen Absinth genießen, geben Sie ein Ästchen Weinraute für ein paar Wochen in das Destillat. Oder Sie lassen folgende Mischung ein paar Tage im Destillat ziehen: 1,2 g Wermut, 1,2 g Ysop, 1,2 g Zitronenmelisse und 0,15 g Pfefferminze. Diese Mischung reicht ebenfalls für 1 Liter.

Zirbe (Zirbengeist)

Ernten Sie die Zapfen der Zirbelkiefer im Frühsommer, wenn sie noch weich und saftig sind, je nach Größe halbieren oder vierteln. Wenn Sie statt der Zapfen die jungen Triebe verwenden (siehe „Maiwipferln") wird der Ansatz ebenfalls hervorragend. Das Ansatzgefäß zu maximal einem Drittel füllen. Nach vier bis fünf Wochen ist der Ansatz fertig, Sie können ihn aber auch länger ziehen lassen. Der Ansatz ist sehr harzig, erst nach dem Destillieren haben Sie einen guten trinkbaren Schnaps. Es können auch die jungen Zapfen anderer Nadelhölzer verwendet werden.

Für den Zirbengeist gibt es noch eine zweite, allerdings sehr aufwändige Variante: Man erntet im Oktober nur die Samen im Inneren der Zirbenzapfen. Diese werden zwei bis drei Tage im Alkohol unter Rückfluss gekocht, d.h. der Dampf wird abgekühlt und wieder in den Kessel zurückgeführt. Erst danach ist das Aroma intensiv genug, um destillieren zu können.

Zitrone

Wie bei den Orangen dürfen Sie nur Früchte mit unbehandelten, d.h. nicht gewachsten Schalen verwenden. Schälen Sie mit einem Kartoffelschäler die äußerste Schale – ohne den weißen Teil – ab und füllen das Gefäß zu einem Drittel (lockere Füllung) auf. Lassen Sie alles mindestens drei bis vier Wochen ziehen, es schmeckt sowohl angesetzt als auch destilliert ausgezeichnet. Auch hier müssen Sie beim Verdünnen auf Grund des hohen ätherischen Ölgehaltes mit einer Trübung rechnen.

◀ Zitronen, Orangen und Limetten

Kapitel 7

Geiste

Das Prinzip der Geistherstellung

Die Herstellung von Geisten ist eine sehr einfache Methode, sie hat eine sehr lange Geschichte und geht im modernen Europa bis auf Paracelsus zurück. Bekannte Beispiele sind der Himbeergeist, Gin, Genever, Aquavit oder Ouzo. Die Herstellung basiert auf folgendem Prinzip: Im Kessel befindet sich geschmackloser Alkohol (Wein oder verdünnten Wodka bzw. Korn). Im Dampfraum darüber sind die Gewürze, Kräuter oder Früchte wie Himbeeren, Wacholder oder Anis. Beim Kochen durchströmt der Alkoholdampf die jeweiligen Produkte und reißt deren Aromastoffe mit. Werden sie direkt in die Flüssigkeit und nicht in den Dampfraum gelegt, wird das Aroma im Destillat viel geringer. Das liegt daran, dass der Alkoholdampf aggressiver ist, als Alkohol in flüssiger Form. Nur der Dampf kann das Aroma in ausreichendem Maße mitnehmen. Abgesehen davon sollen die Produkte im Dampf dünsten und nicht ausgekocht werden, um das Zerkochen der empfindlichen Aroma- und Geschmacksstoffe zu verhindern.

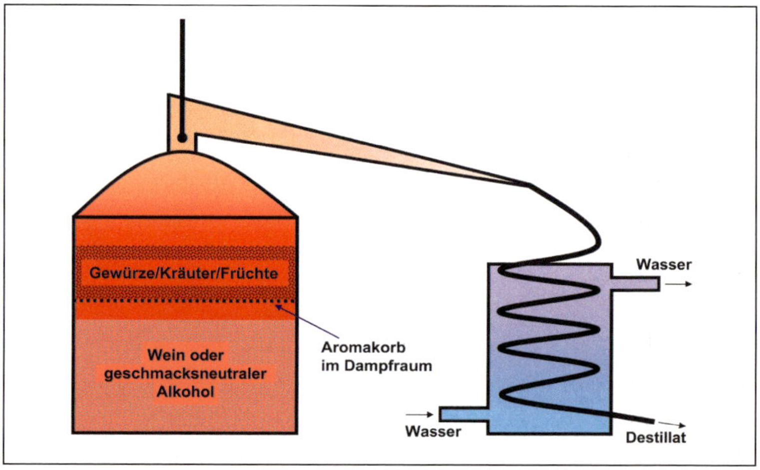

Prinzip der ► Geistherstellung

▲ Geistherstellung: Wein oder verdünnten Korn einfüllen, Kräuter bzw. Gewürze (z.B. Anis) in den Korb geben und wie gewohnt destillieren.

Grundstoffe

Für diese Destillationsmethode ist ein so genannter Aromakorb notwendig (siehe Kapitel 3, Anlage nach Schmickl). Dieser hat die Aufgabe, die Gewürze oder Kräuter direkt über der Flüssigkeitsoberfläche zu halten, so dass während der Destillation der Dampf diese gänzlich durchströmen kann.

Der „Träger“ sollte möglichst geschmacksneutraler Alkohol sein, damit die Aromen nicht verunreinigt werden. Hierfür eignet sich z.B. Wodka, Korn, geschmackloser Alkohol aus der Turbohefe oder mit Aktivkohle gereinigter Alkohol. Verdünnen Sie den Alkohol immer auf ca. 12 %vol, das im folgenden Absatz beschriebene Mixen ist bei verdünntem Korn bzw. Wodka nicht notwendig.

Eine weitere ausgezeichnete und billige Variante ist trockener Weißwein. Hier brauchen Sie keinesfalls auf Qualität zu achten, der „Tetrapack“-Wein aus dem Supermarkt genügt vollkommen, im Destillat macht sich der Qualitäts- und Preisunterschied nicht bemerkbar. Da im großtechnisch hergestellten Weißwein kein Vorlauf oder andere schädliche Substanzen enhalten sind, wird die Destillation besonders einfach. Außerdem ergibt die Alkoholkonzentration von ca. 11 – 12 %vol, dass nach der Destillation kaum noch verdünnt werden muss, der Alkoholgehalt im Destillat beträgt dann ca. 47 – 50 %vol. Allerdings wird das Destillat scharf stechend riechen. Das ist *kein* Vorlauf, das kommt von der schwefeligen Säure, die sich beim Kochen von geschwefelten Wein bildet. Nahezu alle Weine wurden bei der Herstellung „geschwefelt", d.h. mit Sulfit-Salzen versetzt. Jedenfalls brauchen Sie sich nicht zu wundern, wenn Sie nach übermäßigem Genuss solcher Weine am nächsten Tag Kopfweh bekommen. Immerhin hat die schwefelige Säure einen großen Vorteil: sie ist leicht flüchtig! Das heißt, wenn Sie beim Verdünnen zwei bis drei Minuten mit einem elektrischen Handmixer oder Milchaufschäumer schäumend (!) Luft einmixen, ist dieses Stechen in der Nase vollkommen verschwunden, und es entfaltet sich das volle Gewürz- bzw. Fruchtaroma. Der Nachlauf beginnt wie sonst auch bei 91 °C.

Als Letztes brauchen wir noch Früchte oder Kräuter, aus denen die Aromen extrahiert werden sollen. Je nach Grundstoff entsteht eine gewisse Menge Wasser aus den Früchten oder Kräutern, insbesondere wenn es sich um tiefgefrorene Früchte wie z.B. Himbeeren handelt. Verwenden Sie Wein zum Destillieren, hängt von dieser Wassermenge ab, ob Sie das Destillat noch verdünnen müssen oder nicht.

Rezepte

Die Angaben der folgenden Rezepte beziehen sich auf 1,5 Liter geschmacksneutralen Alkohol mit ca. 10 – 12 %vol. Als Ergebnis sind ca. 300 ml (berechnet auf 43 %vol) Destillat zu erwarten. Wenn Sie eigene Kreationen oder Mischungen ausprobieren, sollten Sie mit der Dosierung vor allem bei Gewürzen vorsichtig sein, denn diese sind sehr geschmacksintensiv und bei zu intensivem Aroma ist der Geist ungenießbar. Alle Kräuter oder Gewürze können frisch, getrocknet oder tiefgefroren verwendet werden. Getrocknete Kräuter schmecken im Geist manchmal ein wenig anders als frische oder tiefgefrorene.

Absinth

siehe Wermut

Anis (Ouzo, Raki, Pernod, Sambuca)

30 g Gewürzanis im Aromakorb ergeben einen wunderbaren, feinen Ouzo bzw. Raki. Verwenden Sie 20 g Gewürzanis und 20 g Fenchelsamen für einen besonders milden, süßlichen Geschmack. Wie gekaufter Ouzo bleibt der Geist nach dem Verdünnen auf 43 %vol klar. Bei weiterer Zugabe von Wasser vor dem Trinken, im Verhältnis 1:2 (Wasser), wird er jedoch ebenfalls schön weiß.

Pernod ist eine Mischung aus Anis und verschiedenen Gewürzen, hauptsächlich Minze, Fenchel und Koriander. Sambuca enthält hingegen Sternanis, Süßholz (Lakritze) und Zucker, ist somit ein Likör.

▲ Sternanis

Unterschied zwischen Gewürzanis und Sternanis: Sternanis sind ca. 2 – 3 cm große, sternförmige Hülsenfrüchte mit rötlichen Kernen. Für den Geist vier bis fünf getrocknete Sterne grob zerstoßen oder mit einer Zange zerdrücken und in den Aromakorb geben. Für käufliche Spirituosen wird meistens Sternanis verwendet, weil dieser billiger als der qualitativ bessere und feinere Gewürzanis ist. Dies sind ca. 3 – 4 mm große Samenkörner, die sehr oft auch für Weihnachtsbäckerei verwendet werden. Im Supermarkt können Sie diesen unter der Bezeichnung „Anis ganz“ in jedem Gewürzregal finden.

Apfel

Es ist kaum zu glauben, aber ein Apfelgeist übertrifft im Geschmack fast den Apfelbrand. Schneiden Sie drei bis vier frische Äpfel in Würfel und geben Sie diese in den Aromakorb. Bei getrockneten Äpfeln nehmen Sie 125 – 150 g.

Aquavit

siehe Kümmel

Banane

3 Bananen ohne Schalen in dünne Scheiben schneiden, am besten überreife Bananen verwenden. Die „Mini-Bananen“, die auf Märkten manchmal angeboten werden, schmecken auch im Geist aromatischer als die Großen.

Bärlauch

Ca. 15 Bärlauchblätter zerkleinert in den Korb geben. Der Bärlauchgeist hat einen Knoblauch-ähnlichen Geruch und erstaunlicherweise ein sehr feines, mildes Aroma.

Berberitze

Diese kleinen roten Beeren werden vor allem in der orientalischen Küche verwendet. Der Geschmack ist fruchtig und leicht säuerlich. Für den Geist benötigen Sie ca. 200 g getrocknete Beeren.

Enzian

Auch als Geist sehr intensiv, je nach Geschmack ca. 20–50 g der getrockneten oder ca. 100 g der frischen Wurzel verwenden. So gut wie möglich zerkleinern.

Fenchel

Fenchel ist zwar nicht jedermanns Sache, dennoch ist dieser Geist Anis-ähnlich erfrischend und hervorragend im Geschmack, ca. 25 g getrockneter Fenchel genügen. Er harmoniert sehr gut mit anderen Kräutern, wie z.B. Minze (25 g Fenchel und 8 g Minze).

Gewürznelke

Geben Sie diese pur in den Korb, ist mit keinem großartigen Aroma zu rechnen, der Schnaps wird nur scharf. In Mischungen allerdings, wie z.B. dem Weihnachtsgeist (Seite 144), sind Gewürznelken wiederum nicht wegzudenken. Geben Sie aber nie mehr als 25 Stück dazu, sonst wird es zu scharf.

Haselnuss

200 – 300 g Haselnüsse kurz anrösten und anschließend fein zerstoßen. Sehr intensiv wird der Geschmack, wenn Sie einen Haselnuss-Ansatz (siehe Kapitel 6) destillieren und frische angeröstete Nüsse in den Aromakorb geben.

Himbeere

Die Himbeere ist wirklich eine Allzweckfrucht. Mit dieser können Sie alles machen, und der Geschmack tritt immer deutlich hervor. Geben Sie ca. 200 g in den Aromakorb. Wenn Sie im Sommer Himbeeren sammeln, können Sie diese einfrieren und später gefroren direkt in den Aromakorb geben. Auch gekaufte gefrorene Himbeeren eignen sich hervorragend. Tipp: geben Sie Ingwer als Geschmacksverstärker dazu (siehe Ingwer-Rezeptur).

Holunderblüte

Ca. 70 g frische oder tiefgefrorene Blüten inklusive dünner Stängel in den Aromakorb geben. Wie die Himbeeren lassen sich auch die Holunderblüten gut einfrieren. Achtung beim Pflücken: Blüten nicht waschen, sonst ist der aromagebende Blütenstaub weg. Wie bei der Maische und beim Angesetzten gilt auch hier, dass mit Zitrusfrüchten der Geschmack „spritziger“ wird. Geben Sie dazu ca. ein Viertel einer in Würfel geschnittenen Zitrone und ca. eine halbe, ebenfalls zerkleinerte Orangenschale aus einer Zitruspresse in den Korb.

▲ Fenchel

Ingwer

Ca. 14 g frischen Ingwer fein würfelig schneiden, bei getrocknetem Ingwer das Doppelte. Geben Sie keinesfalls zuviel in den Aromakorb, der Schnaps wird sonst extrem scharf.

Ein kleiner Tipp für diejenigen, die Ingwer nicht mögen: Der Geist ist einfach hervorragend und auf alle Fälle einen Versuch wert, auch als Beimischung (siehe Weihnachtsgeist). Der Geschmack ist überhaupt nicht ingwerartig, sondern mild und sehr aromatisch.

Ingwer wird in der Küche sehr oft als Geschmacksverstärker eingesetzt. Dieser Effekt funktioniert auch sehr gut bei den Geisten. Da der Ingwergeschmack selbst dabei nicht hervortreten soll, reichen ca. 2 g (frisch). Z.B. schmeckt ein Himbeergeist aus 200 g Himbeeren und 2 g Ingwer noch intensiver nach Himbeeren als in Reinform.

Kaffee

Mit einem Hammer zerstoßene geröstete Kaffeebohnen (ca. 25 g) ergeben ein vorzügliches Kaffeearoma. Da sich die Qualität der Bohnen extrem auf den Geschmack auswirkt, sollten Sie nicht fertig gemahlenen Filterkaffee verwenden, sonst wird der Geist bitter.

◀ Gewürznelken (links) und Ingwer

Kakao, Schokolade

Je nach Geschmack ca. 20 – 40 g Kakaopulver. Legen Sie vor dem Einfüllen ein Blatt Küchenrolle auf den Aromakorb, sonst könnte das Pulver auf den Kesselboden rieseln und dort anbrennen.

Auch fertige Trinkkakaomischungen können verwendet werden, allerdings sind davon ca. 200 – 300 g notwendig, da der Kakaoanteil relativ gering ist. Wenn sich die Mischung im Alkohol auflösen lässt, ist ein Aromakorb nicht notwendig, jedoch sollten Sie ein paar Tropfen Anti-Schaum zugeben.

Oder 200 g geriebene Schokolade und ein paar Tropfen Anti-Schaum direkt in den Alkohol geben und ohne Aromakorb destillieren.

Kirsche

Für die Geistherstellung eignen sich vor allem Sauerkirschen bzw. Weichseln. Die anderen ergeben nur sehr wenig Geschmack. Ebenfalls bewährt haben sich getrocknete Sauerkirschen. Verwenden Sie ca 250 – 300 g.

Korn

Ca. 300 ml Gerste in einem Liter 12 %vol Alkohol über Nacht einweichen und anschließend im Aromakorb destillieren. Die Ansatzflüssigkeit auf 1,5 Liter mit 12 %vol geschmacklosem Alkohol auffüllen. Es ist erstaunlich, wie geschmacksintensiv dieser Geist ist.

Kräuter

Unzählige Kombinationen und Varianten sind möglich. Sie können entweder eine Mischung verwenden oder auch einzelne Kräuter frisch, tiefgefroren oder getrocknet. Besonders geeignet sind: Salbei, Wermut, Zitronenmelisse oder Eibisch. Von frischen oder tiefgefrorenen Kräutern geben Sie jeweils ca. 30 – 50 g in den Aromakorb.

Kümmel (Aquavit)

Dieses Gewürz ist sehr intensiv, es genügen daher 10 g. Beim Aquavit werden meist zusätzlich zum Kümmel oder auch stattdessen Dillsamen zugegeben. Eine optimale Mischung sind 5 g Kümmel und 15 g Dillsamen. Weitere Bestandteile in geringer Menge sind Koriander, Fenchel, Zimt und Nelken.

Limette (Daiquiri, Mojito)

Die ganze Frucht mit der Schale klein würfelig schneiden und in den Korb geben. 3 Limetten ergeben ein hervorragend frisches Aroma wie ein Daiquiri Cocktail. Für Mojitogeist zusätzlich ca. 4 g Minze in den Aromakorb geben.

Maiwipferln bzw. Fichtentriebe

Noch hellgrüne, weiche Triebe von jungen Fichten im Mai sammeln und ca. 120 g für den Geist verwenden. Eingefrorene Triebe eignen sich ebenfalls. Das Aroma wird erstaunlicherweise intensiver und eine Spur „waldiger", als beim Destillat des Angesetzten (siehe Kapitel 6). Auch andere junge Nadelholztriebe können verwendet werden (Zirbe, Lärche, Latsche, Föhre …)

Minze, Pfefferminze

Ca. 8 g getrocknete Minze (10 g frisch) ergeben ein vorzügliches Aroma. Sie harmoniert sehr gut mit vielen Gewürzen und Früchten.

Beispiele für Mischungen mit jeweils 8 g getr. Minze: 15 g Anis, 15 g Fenchel, 200 g Himbeeren, eine Limette oder eine Zitrone.

Muskat

Da die Muskatnuss ein sehr intensives Aroma hat, genügen 1 – 2 g (zerrieben).

Orange (Cointreau)

Von ungewachsten Orangen die Schale dünn abschälen, ohne weißen Anteil. 3 bis 4 Orangen genügen. Alternativ können Sie auch 2 ganze Orangen auspressen (sonst wird der Alkohol zu sehr verdünnt) und die komplette Schale würfelig schneiden. Zwar ist hier das Aroma etwas geringer, aber dafür milder. Für Cointreau-ähnlichen Geschmack ca. 5 g zerkleinerte Zimtrinde zugeben.

Wacholder (Gin, Genever)

Für puren Wacholdergeschmack wie beim holländischen Genever, dem Vorläufer des englischen Gins, geben Sie 40 g getrocknete, ganze Wacholderbeeren in den Korb. Verwenden Sie nicht geschroteten Wacholder, da dann der harzige Geschmack zu stark hervortritt. Selbstverständlich können auch frische Beeren verarbeitet werden, die Menge beträgt ebenfalls ca. 40 g.

Bei Gin handelt es sich hingegen um eine Gewürzmischung, wobei der Wacholdergeschmack vorherrschend bleiben muss. Die Rezeptur ist herstellerabhängig, daher schmeckt jeder Gin anders, folgende Mischung ist bei unseren Praxisseminaren sehr beliebt: 40 g ganze, getrocknete Wacholderbeeren, ¼ kleingehackte Limette, ¼ kleingehackte Orangenschale aus der Zitruspresse, 8 g kleingehackte Salatgurke, 5 g Dillsamen, 3 g Gewürzanis, 3 g gehacktes Zitronengras (frisch), 3 g zerkleinerte Zimtrinde, 1 g gehackte Minze (frisch), 2 g kleingehackter Ingwer (frisch), 3 Stück Gewürznelken.

Weihnachtsgeist

Dazu zerkleinern Sie eine Stange Zimt (ca. 5 – 10 g) mit einer der Zange und schneiden ca. 8 g frischen Ingwer klein würfelig. Außerdem kommen noch ca. 20 Stück Gewürznelken dazu und 125 g zerkleinerte, getrocknete Apfelringe. Diese Mischung ergibt im Geist einen sehr intensiven, punschhütten-ähnlichen Duft wie auf Weihnachtsmärkten, daher hat sich uns die Bezeichnung Weihnachtsgeist nahezu aufgedrängt.

Weinraute

Ca. 100 g frische oder tiefgefrorene, zerkleinerte Weinraute sind vollkommen ausreichend. Der Geschmack ist gleich wie vom italienischen Grappa di rutta, obwohl der Geist klar und farblos, der Grappa hingegen ein grüner Angesetzter ist.

Wermut (Absinth nach Schweizer Art)

Für puren Wermutgeschmack am besten 30 – 40 g frisches oder tiefgefrorenes, zerkleinertes Wermutkraut verwenden. Die folgende Mischung ergibt einen Absinth im Geschmack des klaren, farblosen Schweizer Absinths, nicht zu verwechseln mit dem klebrig süßen, grünen böhmischen Absinthlikör. Die Schweizer Variante wird ebenso getrunken, wie wir es bevorzugen: verdünnt auf 43 %vol, mit eventuell ein wenig Wasser, wobei er sich weißlich eintrübt. Kein Eis, kein Zucker, ohne den Absinth anzuzünden, während er über den Absinthlöffel und ein Stück Zuckerwürfel träufelt…

▼ Wermut

Absinth nach Schweizer Art: 25 g frischer Wermut, 15 g Anissamen, 30 g Fenchelsamen, 8 g Zitronenmelisse, 0,8 g

Zimt, 0,8 g Gewürznelken, 0,8 g Muskatnuss und 3 Stück zerdrückte Pimentkugeln in den Aromakorb geben und mit 1,5 Liter Alkohol destillieren. Wenn Sie möchten, dass das Destillat die typisch grüne Absinth-Farbe bekommt, so können Sie je 300 ml ein Stämmchen Weinraute hineingeben oder eine Mischung aus 1,2 g Wermut, 1,2 g Ysop, 1,2 g Zitronenmelisse und 0,15 g Pfefferminze. Lassen Sie die Kräuter so lange ziehen, bis die gewünschte Farbtönung erreicht wurde, in der Regel sind das ein paar Tage. Dunkel lagern, sonst wird die grüne Farbe braun.

▲ Zimt

Zimt

Dieser Geist eignet sich besonders für die Weihnachtszeit. Allein der Geruch ist so intensiv, dass man dadurch in Weihnachtsstimmung kommt. Für den Geist eine Zimtstange (ca. 5 g) mit der Zange zerkleinern.

Zirben

Üblicherweise ist ein „Zirbengeist" das Destillat eines Zirben-Ansatzes (siehe Kapitel 6). Der Geschmack wird jedoch ein wenig ausgeprägter, wenn 5 – 6 geviertelte, unreife (innen noch weiche) Zapfen der Zirbelkiefer direkt verwendet werden, ohne sie vorher anzusetzen. Sie können die zerkleinerten Zapfen auch tieffrieren, um sie später zu verarbeiten. In diesem Fall geben Sie diese im gefrorenen Zustand in den Aromakorb.

Auch die jungen Zapfen anderer Nadelhölzer (Fichte, Lärche, Föhre …) eignen sich zur Geistherstellung.

Werden ca. 70 – 100 g der im Frühsommer geernteten, jungen Triebe als Geist verarbeitet, wird der Geschmack sogar noch „zirbiger" als von den Zapfen.

Zitrone

Ca. 3 – 4 unbehandelte Zitronen dünn abschälen (ohne weißen Teil) und die Schalen in den Korb geben. Alternativ können auch 2 – 3 kleingeschnittene, ganze Früchte verwendet werden. Werden nur die Schalen verwendet, ist das Aroma intensiver, aber wegen des höheren Gehalts ätherischen Öls auch ein wenig schärfer.

Zitronengras

Je nach gewünschter Geschmacksintensität genügen 20 – 30 g getrocknetes Zitronengras, frisch 30 – 50 g. Zerkleinern nicht vergessen.

Vergleich der drei bisher vorgestellten Herstellungsmethoden

Die folgende Übersicht soll zeigen, wie sich die Aroma- und Geschmacksübertragung der jeweiligen Herstellungsmethoden unterscheiden.

Werden Blüten oder Früchte hochgradig (20 %vol) *eingemaischt* und zusätzlich beim Destillieren Früchte derselben Art in den Aromakorb gegeben, ergibt sich die maximale Aromaintensität. Diese Methode ist besonders bei geschmacksarmen und sauren Früchten wie Brombeeren sinnvoll. Klassische Brandfrüchte (Zwetschen, Birnen, Marillen usw.) werden „normal" destilliert, der Aromaübertrag reicht vollkommen aus.

Werden Früchte *angesetzt* und bei der Destillation zusätzlich der Aromakorb verwendet, ist der Übertrag besonders intensiv, ähnlich dem Einmaischen. Diese Vorgehensweise eignet sich besonders für Kräuter oder Beeren, die nur in geringen Mengen vorliegen, wie z.B. Schlehdorn. Der Klassiker unter den Destillaten von Angesetzten ist der „Nussschnaps": grüne, unreife Walnüsse angesetzt und destilliert. Bei geschmacksärmeren Produkten wie Brombeeren, Schwarzbeeren oder Johannisbeeren können

Methode	Übertragungsintensität
Maische + frische Früchte im Aromakorb	***
Maische	**
Angesetzter + frische Früchte im Aromakorb	***
Angesetzter	**
Geist	*

Aroma- und Geschmacksübertragung der unterschiedlichen Herstellungsmethoden

beim Destillieren frische Früchte im Aromakorb zugegeben werden, um die Aromaausbeute zu erhöhen.

Bei der *Geistherstellung* ist der Aromaübertrag am geringsten. Sie eignet sich vor allem für Gewürze und Kräuter oder sehr aromatische Früchte wie Himbeeren. Für Gewürze wie Wacholder, Anis, Kümmel, Zimt usw. sind alle anderen Methoden einfach zu intensiv. Aber auch Blüten, z.B. Holunderblüten, ergeben ein sehr gutes Resultat. Die Geistmethode hat einen entscheidenden Vorteil: Die Grundstoffe können direkt in ihrer ursprünglichen Form, ob frisch, gefroren oder getrocknet, eingesetzt werden. Die wochen- bzw. monatelange Ansetz- oder Einmaischzeit entfällt, genauso wie die jahrelange Lagerung eines Brandes aus herkömmlicher Maische. Bei den anfangs im Kapitel angegebenen Alkoholmengen dauert es ca. eine halbe bis dreiviertel Stunde bis ein hervorragender Geist zum Genuss bereit steht.

Kapitel 8 Ätherische Öle

Echte, naturreine, ätherische Öle, welche sich auch für medizinische Zwecke eignen, werden ausschließlich mittels Wasserdampfdestillation oder Kaltpressung hergestellt. Mit organischen Lösemitteln wie z.B. Hexan, Petrolether oder Chlorkohlenwasserstoffen ist die Ausbeute zwar höher, somit sind solche Öle auch billiger, aber leider sind darin immer Spuren des Lösemittels zu finden, und deswegen sind sie für medizinische Anwendungen nicht geeignet.

Für die Wasserdampfdestillation wird in den Kessel Wasser eingefüllt und in den Aromakorb im Dampfraum die Substanz, aus der das Öl extrahiert werden soll. Wird diese nur in das Wasser gelegt und ausgekocht, wird die Ausbeute sehr gering sein bzw. überhaupt kein Öl entstehen, weil nur der Dampf die höhersiedenden Öle mitrei-

▼ Apparatur zur Herstellung ätherischer Öle

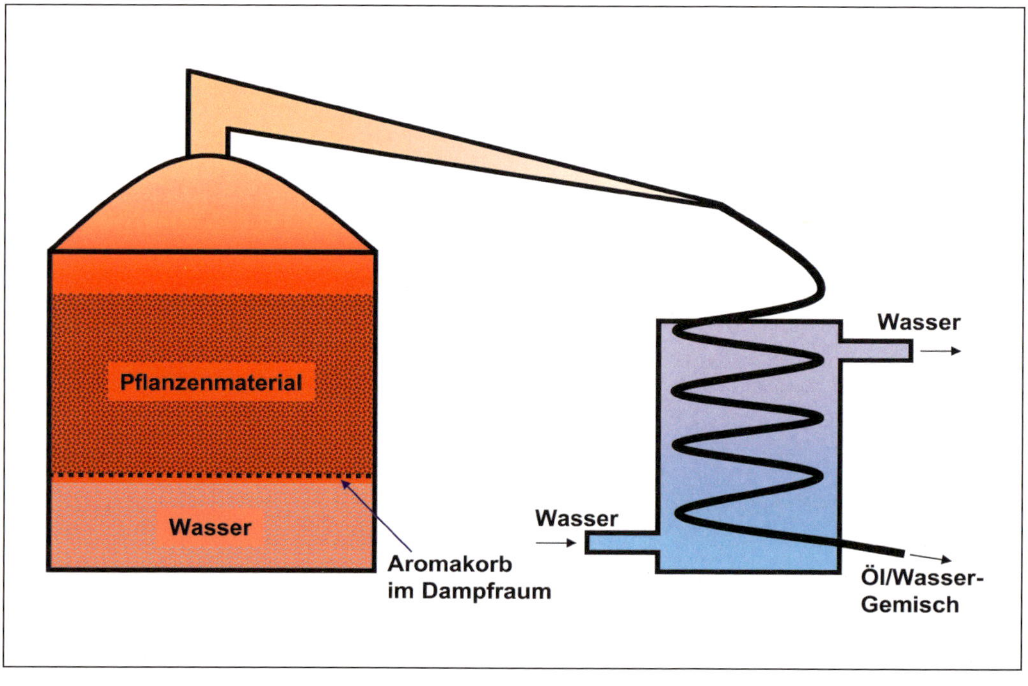

ßen kann. Die Geistherstellung (siehe Kapitel 7) ist also auch eine Dampfdestillation, allerdings wird statt Wasser das organische Lösemittel Ethanol (Alkohol) verwendet.

Weil Öl und Wasser sich nicht mischen, scheidet sich das Öl ab und schwimmt, bis auf wenige Ausnahmen, oben auf. Lassen Sie daher das Destillat direkt in eine Flasche mit einem engen Hals laufen. Wenn die Flasche ganz voll ist, brauchen Sie das Öl nur mit einer Spritze oder Pipette aus dem Flaschenhals saugen. Einige Öle sammeln sich unten in der Flasche, z.B. Zimtöl oder Nelkenöl.

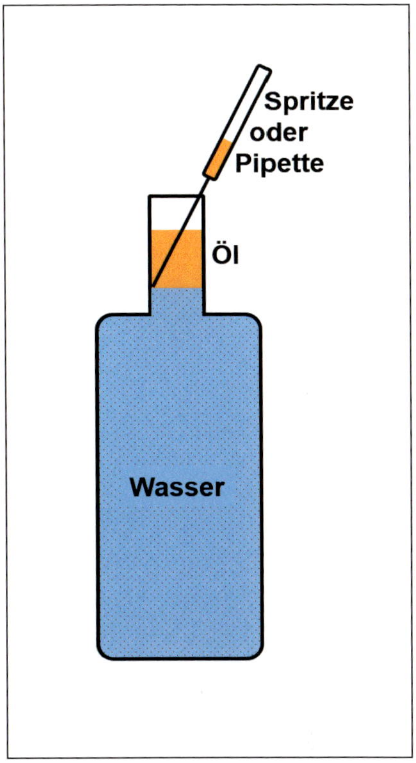

▲ Trennen des ätherischen Öls vom Wasser

Welche Produkte eignen sich nun für die Herstellung ätherischer Öle? Am besten sehen Sie sich das Sortiment von Duftölen an die käuflich erwerblich sind, es gibt eine nicht enden wollende Palette. Einige Beispiele: Rosenblätter, Latschenkiefern, Tannenzapfen, Orangen, Zitronen, Grapefruit, Zimt, Pfefferminze.

Geben Sie von der zu extrahierenden Substanz soviel wie möglich in den Aromakorb. Wenn Sie Zapfen verwenden, dann schneiden Sie diese vorher sehr klein, bei Zitrusfrüchten verwenden Sie nur die in Stücke geschnittene Schale. Bei einem Volumen von ca. 4 Liter Pflanzenmaterial und 1,5 bis 2 Liter Wasser sind je nach Pflanzenart etwa 2 – 20 ml hochreines ätherisches Öl zu erwarten.

Im Buch „Ätherische Öle selbst herstellen“ (Malle/Schmickl, Verlag Die Werkstatt, ISBN 3-89533-482-0) sind neben der Wasserdampfdestillation noch andere Möglichkeiten zur Gewinnung ätherischer Öle beschrieben, außerdem finden Sie in diesem Buch für über hundert heimische und exotische Pflanzen Hinweise auf Verarbeitung, Erntezeitpunkt und Wirkweise. Zur Anwendung der gewonnenen ätherischen Öle sind im letzten Teil über 40 Basisrezepte für Pflegeprodukte – von Badezusätzen über Gesichts- und Körperpflege bis hin zu Parfum – angeführt.

Kapitel 9

Trinkkultur

Abfüllen und Etikettieren

Ist der Schnaps nach mühevoller Arbeit gelungen, verdient er auch die richtige Verpackung. In einer Bierflasche mit durchgestrichenem Originaletikett wird auch der beste Schnaps nicht recht zur Geltung kommen. Schließlich spielt auch die Optik eine wichtige Rolle. Beherzigen Sie daher folgende Punkte:

Glasflasche

Schnaps immer in eine durchsichtige weiße Glasflasche füllen. In allen anderen Flaschen ist nicht ersichtlich, dass es sich um eine glasklare Flüssigkeit ohne Trübungen oder Färbungen handelt. Vermeiden Sie grüne oder braune Flaschen. Sie müssen nicht die teuren dreieckigen Flaschen, die gerade im Trend liegen, kaufen, es genügen ganz einfache.

Ein Beispiel: Sie kennen sicher auch die kleinen weißen Piccolo-Sekt- bzw. Frizzante-Fläschchen mit 0,2 l Inhalt und ablösbarem Papieretikett. Gönnen Sie sich einen Frizzante, und Sie haben gleichzeitig eine schöne Schnapsflasche.

Korkverschluss, metallischer Schraubverschluss

Der Schnaps sollte möglichst gut verschlossen werden. Die oben erwähnte Piccolo-Sekt-Flasche hat einen metallischen Schraubverschluss, Korkstopfen eignen sich jedoch auch ausgezeichnet. Verwenden Sie auf keinen Fall Plastikkorken oder Plastikschraubverschlüsse. Sie sehen nicht nur hässlich aus, außerdem können giftige Inhaltsstoffe herausgelöst werden.

Schrumpfkappen

Schöne bunte Schrumpfkappen, die es in Genossenschaften und Weinkellereifachbedarfsgeschäften in vielen Farben und Größen zu kaufen gibt, geben dem Ganzen den krönenden Abschluss. Einfach mit einem Heißluftföhn

▲ Verschlusskorken, metallische Verschraubung und Schrumpfkappen

Einfache Flaschen ►

aus dem Baumarkt von oben nach unten heiß anblasen und die Flasche hat den letzten Schliff.

Etikett

Beschriften Sie unbedingt Ihre Flaschen, denn ansonsten kommt es nach einiger Zeit zu Verwechslungen. Sie sollten für dekorative Flaschen aber nicht die normalen weißen Haushaltskleber mit Kugelschreiber beschriften, das sieht nicht professionell aus. Verwenden Sie zumindest im Handel erhältliche vorgedruckte Etiketten; diese sind zwar nicht das Optimum, aber besser als die vorhergehende Variante.

Die besten Etiketten können Sie natürlich am eigenen PC selbst erstellen. Es gibt bereits wunderbare selbstklebende Folien für Tintenstrahl- oder Laserdrucker, in A4 Format oder auch vorgestanzte Etiketten. Machen Sie sich am PC eine einfache Vorlage und dekorieren Sie diese mit Bildern oder Früchten. So können für bestimmte Personen oder Festtage sehr persönliche und schöne Geschenke entstehen.

◄ Einige Beispiele für Etiketten

Genuss und Qualitätscheck

Nach vollendeter Arbeit sollte der edle Tropfen auch nach allen Regeln der Kunst genossen werden. Dafür beachten Sie folgende Punkte:

► Verwenden Sie ein Glas in Tulpenform, nur hier kann sich das Aroma richtig entfalten.

► Die Trinktemperatur des Destillates sollte bei 18–20 °C liegen.

Wird Ihnen ein Destillat angeboten, können Sie anhand folgender Punkte erkennen, ob es sich um ein Qualitätsprodukt handelt :

► In Gasthäusern werden die Schnäpse meist eiskalt serviert. Dadurch kann kein Aroma oder Geruch wahrgenommen werden. Edle Destillate werden niemals so serviert, denn hier ist es geradezu erwünscht, mit dem Aroma zu bestechen.

Stilgläser ►

► Ist ein Klebstoffgeruch erkennbar, wurde der Vorlauf unsauber abgetrennt. Hier können Sie am nächsten Tag mit Kopfschmerzen rechnen.

► Gerade in ländlichen Gegenden werden oft Destillate mit mehr als 50 %vol Alkohol angeboten. Außer einem Brennen und Stechen in der Nase kann nichts mehr wahrgenommen werden, da das Destillat einfach zu stark ist. Das lässt jedoch noch keine Aussage über die Qualität zu, da diese hohe Konzentration immer zu diesen Irritationen führt.

► Einen guten Edelbrand erkennen Sie daran, dass er im Gaumen und Abgang viel Körper und Kraft zeigt. Auch danach sollte der Geschmack noch einige Zeit im Gaumen erkennbar bleiben.

► Riechen Sie das leere Glas. Bei Qualitätsdestillaten ist der Duft noch einige Zeit im leeren Glas erkennbar. Wenn sich dieser jedoch nach einigen Sekunden verflüchtigt, war es künstliches Aroma. Ein einfacher Test zeigt dasselbe: Auf einen Zuckerwürfel einige Tropfen Schnaps geben und im Mund langsam zergehen lassen. Bei einem künstlichen Aroma ist der Geschmack nach einigen Sekunden weg.

▲ Trinkkultur am Mekong

Andere Länder – andere Sitten

Egal, in welches Land man kommt, der Alkohol scheint immer ein wichtiger Bestandteil der Kultur zu sein. In *Laos* zum Beispiel hat jedes Dorf seinen eigenen Brennmeister, der den berühmten *Lao Khao* herstellt. Dieser Reisschnaps hat nichts mit dem chinesischen Reisschnaps zu tun, es handelt sich vielmehr um ein hochqualitatives Produkt. Natürlich ist dies von Dorf zu Dorf unterschiedlich, aber anhand der eingesetzten Materialien und Möglichkeiten kann man sich über die gute Qualität nur wundern und freuen. Besonders extravagant fanden wir eine Brennanlage am Mekong-Ufer. Hier wurde ein altes Ölfass zur Anlage umfunktioniert. Ein Wok war zur Kühlung aufgelegt, ein Bambusrohr leitete den kondensierten Schnaps seitlich hinaus in einen Tonkrug. Und mit einem alten ame-

Brennanlage am Mekong in Laos

rikanischen GI-Helm wurde Kühlwasser gewechselt! Die Maische war eine Mischung aus Wasser, Klebreis (Khao Niau), getrockneten und gemahlenen Maniokwurzeln sowie einem geheimnisvollen Etwas, wahrscheinlich eine Art von Hefe. Die Mischung wurde in dicke Tontöpfe gegeben, diese wurden hermetisch verschlossen mit Tondeckel, Tüchern und dicken Seilen. Schließlich wurden die Töpfe im kühlen Sand des Mekong vergraben und nach ein bis zwei Wochen zum Brennen wieder ausgegraben.

In Laos gibt es außerdem einen sehr netten Brauch: Der frische Reiswein – ähnlich Sturm oder Federweißem – wird in einen Tontopf mit einem breiten flachen Rand bis ganz oben hin gefüllt. Dann dient ein langes Bambusrohr als Strohhalm. Der Gastgeber hat ein Trinkglas voll Wasser in der Hand, ca. ¼ Liter, und gießt es relativ rasch in den randvollen Krug. Der Gast muss mit dem Bambusrohr so schnell trinken, dass nichts überläuft, andernfalls wäre er entehrt.

▲ Brennanlage in Guanaja

In Myanmar, dem früheren Burma, auf der Fahrt von Bagan zum Mount Popa, blieb unser Fahrer ein paar Minuten hinter Bagan plötzlich stehen. Ohne dass wir ihn darum gebeten hätten, führte er uns zu einer Dorfbrennerei. Das Prinzip der Anlage war ähnlich, wie wir es in Laos kennengelernt haben, jedoch noch urtümlicher. Der Kessel war ein Tontopf, das einzige „moderne“ Zubehör waren ein Metallwok als Kühler und zwei alte, gebrauchte Glasflaschen für das Destillat. Destilliert

◄ Myanmar, Bagan: Palmweindestillation

▲ Myanmar, Bagan: In der Palmenkrone wird Palmensaft gesammelt

wurde *htan yay*, ein Kokosnusspalmenwein. Um die Palmen wortwörtlich „anzuzapfen“, wurden die Spitzen junger Kokosblüten oben in der Palme eingeschnitten und der herausrinnende Saft in kleinen Tontöpfen gesammelt. Nach der Gärung in Tongefäßen ohne jegliche Abdeckung und ohne jegliche Zugaben, auch kein geheimnisvolles Etwas, wurde der Palmenwein mit ca. 4 %vol einmal destilliert. Wir haben nicht beobachtet, ob Vorlauf abgetrennt wurde oder nicht. Jedenfalls hatte das Destillat einen extrem scharf beißenden, unangenehmen Geruch, wie eine Mischung aus reinem Vorlauf, schlechtem Tresterbrand und Schweißfüßen (Buttersäure!). Kein Vergleich zum milden, wohlschmeckenden *Lao Khao.*

Ganz andere Erfahrungen machten wir in Mittelamerika, Honduras. Guter Schnaps ist dort kaum erhältlich, vielmehr brennen die dort ansässigen Garifunas ein „Höllenwasser“, die Grundlage für *Guifiti*, ein berühmt berüchtigter Angesetzter mit Kräutern und Wurzeln.

Als wir unserem Hotelmanager auf der Karibikinsel Guanaja erzählten, dass Schnapsbrennen unser Hobby sei, wurde er sehr hellhörig, er wollte unbedingt wissen, wie guter Schnaps hergestellt wird. Gesagt getan. Aus seinen Küchenutensilien stellten wir eine Anlage zusammen. Der Limettengeist aus 2 Liter weißen Rum und 3 kg Limettenspalten war einfach ein Hochgenuss!

Bekannt ist natürlich die hohe Qualität der schottischen Whiskys. Hier wird die Malz- und Brennkunst bis ins letzte Detail beherrscht. Einen besonders rauchigen Geschmack haben die Whiskys von den schottischen Inseln, z.B. von der Insel Islay. Der Torfgeschmack, der durch das Rösten der Gerste mit Torf zustande kommt, ist anfangs meist etwas gewöhnungsbedürftig, aber dann einfach exzellent.

Abschließend noch einen kleinen Blick über den Atlantik, wieder in die Karibik. Natürlich ist hier der Rum berühmt. Der weiße Rum schmeckt nach „Feuerwasser“ und eignet sich lediglich für Cocktails und Mixgetränke

◀ Brennanlage in Guanaja: Das Destillat wird innen, in einer Tasse aufgefangen

oder zum Flambieren. Der dunkle Rum hingegen wird wie Whisky jahrelang in Fässern gelagert, danach ist er mit Sicherheit einer der besten Spirituosen, die es gibt. Ein kurzes Wort zum Bacardi-Rum: Der Geschmack unterscheidet sich erheblich von allen „klassischen" Rumsorten, weil die Familie Bacardi seit dem 19. Jahrhundert eine geheime Kräutermixtur dazugibt.

◀ Rum-Lagertanks in der Karibik

Kapitel 10 Rechtliche Situation

Im europäischen Raum ist bezüglich Schnapsbrennen die Rechtslage sehr unterschiedlich. In den südlichen Ländern ist die Gesetzeslage eher locker, in einigen Staaten gibt es diesbezüglich überhaupt keine Freibrenngrenzen, jeder darf für den Privatgebrauch brennen so oft und so viel er möchte. Anders jedoch in Deutschland, Österreich und der Schweiz. Grundsätzlich herrscht hier eine staatliche Kontrolle über die Zahl und die Standorte der Brennanlagen.

In Deutschland und Österreich ist die Rechtslage auch davon abhängig, ob es sich um eine Verschluss- oder Abfindungsbrennerei handelt.

Bei der *Verschlussbrennerei* wird der destillierte Alkohol kontrolliert (also nach dem Brennen). Nach der Kühlung hat diese Anlage eine fix montierte Messstelle, wo die Alkoholkonzentration und die Durchflussmenge gemessen wird (die Anlage ist somit „verschlossen“, daher der Name). So kann der Zoll genau bestimmen, wieviel Alkohol mit welcher Konzentration erzeugt wurde und die zu bezahlende Alkoholsteuer berechnen. Da die Messapparatur sehr teuer ist, sind Verschlussanlagen in der Regel nur bei Großbrennereien zu finden.

Im Gegensatz dazu steht die *Abfindungsbrennerei.* Diese ist vor allem für Kleinbrenner interessant. Dem zuständigen Zollamt muss hier vor dem Brennen die Art und Menge der zu brennenden Maische bekanntgegeben werden, daraus berechnet er dann die zu zahlende Alkoholsteuer.

Der Unterschied besteht also darin, dass beim Verschluss das Endprodukt (das Destillat) kontrolliert wird, dabei ist es egal, was vorher im Kessel als Brenngut verwendet wurde. Bei der Abfindungsbrennerei hingegen dient das Ausgangsprodukt (die Maische) als Berechnungsgrundlage. Daher dürfen der Maische in diesem Fall keine alkoholbildendenden Stoffe (z.B. Zucker) zugegeben werden, weil dann die Bemessungsgrundlage nicht mehr stimmt. Dies bedeutet, dass nur bei Verschlussbrennern Maischen gezuckert werden dürfen.

Deutschland

In Deutschland steht es jedem offen, mit einer Verschlussbrennerei ein Brennrecht zu erwerben. Es gibt Brennrechte für Obst, Wein, Korn, Kartoffeln, Zuckerrüben und vieles mehr.

Das Abfindungsbrennen ist auf insgesamt ca. 30.000 Abfindungsbrennrechte begrenzt, die Mehrheit befindet sich in Süddeutschland (Bayern). Gibt ein Abfindungsbrenner sein Recht auf, kann dieses von einer anderen Person im selben Bezirk erworben werden. Neue, zusätzliche Rechte werden kaum mehr vergeben. So genannte Stoffbesitzer sind Personen, die über eigene Maische verfügen. Diese sind auch vor allem im Süden Deutschlands angesiedelt und dürfen ihre Maische an einen Abfindungsbrenner zum Destillieren weitergeben. Schließlich gibt es noch die Obstgemeinschaftsbrenner, die mit Verschlussbrennereien arbeiten. Das Obst wird von mehreren Obstbauern zusammengefasst, eingemaischt und gebrannt.

Alle Anlagen (auch Eigenbau) müssen beim Zoll registriert werden, auch wenn damit nicht Alkohol destilliert wird. Der deutsche Verkäufer einer Anlage muss den Verkauf und die Daten des Käufers ebenfalls dem deutschen Zoll bekannt geben. In Deutschland ist es verboten, Vorrichtungen anzubieten oder zu verkaufen, die zur nichtgewerblichen Herstellung oder Reinigung kleiner Branntweinmengen geeignet sind (§46, Abs. 1 BranntwMonG).

Ausgenommen von diesem Verbot und der Registrierungspflicht sind seit 1.1.2018 Anlagen bis 2,0 Liter Kesselvolumen, sofern diese nicht zur Alkoholdestillation genutzt werden, also z. B. zur Herstellung ätherischer Öle. Darüber hinaus ist für den Selbstbau oder den Erwerb von Kleinstbrennanlagen §34 BranntwMonG zu beachten: „Die Erzeugung von Brennereien … gilt als innerhalb des Brennrechts hergestellt, wenn sie in einem Betriebsjahr zehn Hektoliter Weingeist nicht übersteigt.“

Österreich

Brennrechte

In Österreich gelten ein wenig liberalere Gesetze als in Deutschland. Jeder darf hier ebenfalls eine Verschlussbrennerei führen, zusätzlich gibt es aber auch die Möglichkeit der Abfindungsbrennerei, die bei Privatpersonen und Landwirten sehr verbreitet ist. Denn jeder, der über eigene Obstbäume verfügt, darf ein Abfindungsbrennrecht beantragen. Spätestens fünf Arbeitstage vor dem Brennen ist die Maischeart und Maischemenge wie beschrieben dem Zoll zu melden. Monopolgesetze gibt es nur bei Zuckerrüben, Rüben, Kartoffeln und Getreide: Hier ist für Abfindungsbrenner die Herstellung von Alkohol prinzipiell verboten, außer es handelt sich um Bergbauern, die kaum über Obst verfügen.

Wie in Deutschland sind *alle* Brennanlagen registrierungspflichtig, es hat auch die Doppelmeldung (von Käufer *und* Verkäufer einer Anlage) zu erfolgen. Ebenso sind in Österreich Destillen bis zu einem Kesselvolumen von 2 Litern anmeldefrei, wenn damit kein Alkohol hergestellt wird. Die Alkoholsteuer muss immer beglichen werden, wenn unversteuerter Alkohol destilliert wird.

Näheres dazu im Alkoholsteuergesetz, §20 und §85.

Lebensmittelkodex

Für alle im Handel erhältlichen alkoholischen Getränke existieren sehr genaue gesetzliche Richtlinien bezüglich der Herstellung und Inhaltsstoffe. In Österreich muss bei Destillaten außerdem die Produktklasse unmissverständlich auf dem Etikett vermerkt sein. Die wichtigsten beiden sind der (Obst-)„Brand“ und der Allgemeinbegriff „Spirituose“. Es kann zwar vorne irgendein verkaufsfördernder Fantasiename, z.B. „allerfeinster Zwetschenschnaps“ draufstehen, aber irgendwo ganz kleingedruckt oder auf der Rückseite der Flasche steht dann „Spirituose“.

Nur Destillate, die nach den strengen Richtlinien des Lebensmittelgesetzes hergestellt werden (ohne künstliche Aromen usw.), dürfen „Brand“ (z.B. Zwetschenbrand, Birnenbrand, Apfelbrand usw.) genannt werden. Ein guter Brand hat seinen Preis und ist kein Massenprodukt.

Schweiz

Der Schweizer Gesetzestext unterscheidet folgende Brenngruppen:

Gewerbebrenner produzieren und handeln mit Spirituosen, während *Lohnbrenner* immer nur im Auftrag destillieren. Außerdem gibt es *Hausbrenner*. Dies ist die einzige Gruppe, in der Privatpersonen brennen dürfen, unter der Bedingung, dass die Person über eine eigene Landwirtschaft verfügt. *Hausbrenner* dürfen für den Eigengebrauch steuerfrei brennen. Andere Privatpersonen können ihre Maische nur (ähnlich wie in Deutschland) zu einem Lohnbrenner bringen.

Alle Anlagen, egal welche Kesselgröße, sind zu registrieren, es gibt kein gesetzlich festgelegtes Mindestvolumen. Interessant ist jedoch, dass Anlagen bis zu einem Kesselvolumen von 3 Liter ohne Anmeldung gekauft werden dürfen, sofern diese nur zur Herstellung ätherischer Öle (Wasserdampfdestillation) verwendet werden.

Geistherstellung und Destillieren von Angesetzten*

Werden für die Geistherstellung oder für Angesetzte gekaufte, also bereits versteuerte Spirituosen verwendet, fällt beim Destillieren natürlich keine Alkoholsteuer mehr an. Trotzdem muss dieses Vorhaben beim zuständigen Zollamt gemeldet werden.

Dabei ist darauf zu achten, dass es sich wirklich um Spirituosen, also Destillate handelt. Weine haben eine zu niedrige Steuerklasse. Vor dem Brennen ist es erlaubt, den Hochprozentigen z.B. auf Weinstärke zu verdünnen. Interessanterweise fällt das Brennen von bereits versteuerten Spirituosen unter den Begriff „Alkoholreinigung".

*) gilt für Deutschland, Österreich und die Schweiz

Kapitel 11 Nachgefragt

Da Theorie und Praxis ja bekanntlich nicht immer übereinstimmen, haben wir im Folgenden typische Fragen aus der Praxis aufgegriffen, die uns im Lauf der Jahre begegnet sind. Auf unserer Homepage *www.schnapsbrennen.at* finden Sie die komplette und immer aktualisierte Version.

Destillat mit leicht gelblichen Stich

Wir brennen schon längere Zeit verschiedene Schnäpse. In letzter Zeit ist es öfters vorgekommen dass das Destillat nicht ganz rein und farblos war, sondern einen leicht gelblichen Stich hatte. Was kann das für eine Ursache haben?

Das Destillat ist eigentlich immer farblos. Wenn es sich um Brände handelt, die bisher bei Ihnen auch ein klares Destillat hatten, so kann ich mir nur folgende Ursache vorstellen: Es ist beim Brennen etwas übergegangen und in die Kühlung gelangt. Reinigen Sie die Anlage und brennen Sie erneut. Haben Sie neue Schnäpse gebrannt, wo Sie also bisher noch keine reinen Destillate als „Beweis“ haben, so könnten eventuell ätherische Öle einiger Rohstoffe dafür verantwortlich sein.

Schließlich könnten schlechte Schweißstellen in Ihrer Anlage für die Verfärbung des Destillates verantwortlich sein.

Methyl

Wenn ich Wein im Laden kaufe und den dann brenne, brauche ich keine Angst wegen Methyl zu haben, oder?

Ja, genau so ist es. Methanol ist nur in Spuren vorhanden; diese Menge trinken Sie auch bei einem Weinkonsum (siehe Kapitel 4, Abschnitt Vorlauf).

milchiger Orangengeist

Eine Frage bezüglich Orangengeist. Ich habe in 45 %vol Schnaps Orangenschalen angesetzt und gebrannt. Das Destillat hatte einen sehr guten Geschmack. Bei der Zugabe von destilliertem Wasser ist der Schnaps jedoch sofort milchig trüb geworden. Ich habe dann weiter bis auf 43 %vol verschnitten. Können Sie mir einen Tipp geben, wie der Schnaps wieder geklärt werden könnte oder was ich sonst mit dem Schnaps machen könnte?

Wenn Sie Orangenschalen ansetzen und direkt den Angesetzten trinken möchten, so sollten Sie danach keinesfalls verdünnen, das wird immer trüb. 45 %vol Schnaps zum Ansetzen ist in Ordnung, da brauchen Sie gar nicht mehr verdünnen, so bleibt er klar. Wenn Sie den Angesetzten jetzt brennen, so kommt es nach dem Verdünnen zur Trübung, da unlösliche ätherischen Öle aus der Orange mitkommen, die die Trübe verursachen. Sie können den Schnaps jetzt auch filtrieren, dazu die Faltenfilter verwenden und das Destillat vorher 14 Tage stehen lassen. Manchmal hilft es auch schon, wenn Sie 2 Kaffeefilter mit Watte dazwischen ineinander stecken und den Schnaps vor dem Filtrieren über Nacht in den Tiefkühler geben.

Anbrennschutz

Wie funktioniert der Anbrennschutz bei Ihrer Anlage?

Der Anbrennschutz ist eine Art Metallsieb mit Füßchen. Geben Sie dieses in den Kessel. Dadurch kommt von der darüber eingefüllten Maische nur die Flüssigkeit auf den Kesselboden, diese kann nicht anbrennen. Die Feststoffe der Maische bleiben im Sieb. Dadurch ist es nicht notwendig, die Maische vor dem Brennen zu filtrieren. Eine Filtration vor dem Brennen führt außerdem zu einem Aromaverlust, da sehr viele Substanzen sich in der Frucht selbst befinden. Zusätzlich können Sie diesen Anbrennschutz auch als Aromakorb verwenden. Dafür stecken Sie die Messingfüßchen an den Korb. Nun befindet sich der Korb im Dampfraum des Kessels, also genau etwas oberhalb der Flüssigkeitsgrenze. Man gibt Kräuter/Gewürze (z.B. Wacholderbeeren für Gin oder Himbeeren) hinein, in den Kessel selbst füllt man nur billigen Weißwein bzw. geschmacklosen Alkohol. Als Ergebnis entsteht ein wunderbarer Himbeer- oder Kräutergeist.

Gärspund und Vorlauf bei Angesetzten

Warum kann ich beim Ansetzen von Wodka und Himbeeren das Glas fest verschließen und brauche keinen Gärspund? Gibt es beim Brennen der Flüssigkeit einen giftigen Vorlauf?

Beim so genannten Angesetzten brauchen Sie keinen Gärspund, da es zu keiner Gärung kommt, nur dabei entsteht das CO_2-Gas. Der Wodka entzieht den Himbeeren nur die Aromastoffe, es kommt zu keiner Gasbildung (wie bei einer Maische) und somit können Sie das Glas fest verschließen. Wenn Sie Angesetzte aus gekauftem Wodka herstellen, haben Sie keinen giftigen Vorlauf, da der Wodka ja auf Grund des Lebensmittelgesetztes keinen Vorlauf enthalten darf.

Spiritus

Sie schreiben, dass mit Aktivkohle sämtliche Geruchs- und Geschmacksstoffe entfernt werden können. Wie sieht es mit den Substanzen aus, mit denen Alkohol zu Brennspiritus vergällt wird? Das Ausgangsprodukt für Spiritus ist meines Wissens ganz normaler genießbarer Alkohol. Kann man aus Spiritus durch die Behandlung mit Aktivkohle Ansetzschnaps gewinnen?

Leider kann man Brennspiritus nicht mit Aktivkohle reinigen. Der Grund: Der Alkohol (Sie haben recht, das ist normaler „Trinkalkohol") und die zugesetzten Substanzen verhalten sich chemisch gesehen so ähnlich, dass sie nicht mehr so einfach zu trennen sind (da hat der Gesetzgeber schon mitgedacht). Die Funktion der Aktivkohle beruht auf Adsorption: Die Geruchs- und Geschmacksstoffe sind im Vergleich zum Alkohol sehr große Moleküle. Diese werden dann in den feinen Poren der Kohle festgehalten, der Alkohol jedoch nicht (siehe Seite 98).

Verdünnen

Bei einem Himbeergeist oder anderen Fruchtbränden, sollte man diese zuerst einige Wochen lagern und erst dann auf Trinkstärke verdünnen? Oder ist es besser, den Schnaps unmittelbar nach dem Brennen zu verdünnen? Mir ist aufgefallen, dass meine Brände erst nach einem Monat so richtig zur Entfaltung kommen.

Wenn Sie einen Geist herstellen, ist es am besten, diesen gleich nach dem Brennen zu verdünnen (so wie beim herkömmlichen Schnapsbrennen). Danach können Sie diesen entsprechend lagern, z.B. die Flasche mit dem Stoppel nur aufgesetzt ca. 2 – 3 Wochen stehen lassen, danach erst fest verschließen, so dass sich das Aroma richtig entwickeln kann.

Maischen

Ich habe zwei Fragen zum Maischen:

1. Hat es einen qualitativen Nachteil (z.B. Geschmack) zur Folge, wenn ich Beerenobst einfriere, da ich es nicht sofort verarbeiten kann und es nach einigen Tagen auftaue, um es einzumaischen?

2. Hat es einen Nachteil zur Folge, wenn man das Beerenobst entsaftet, um anschließend den Saft zur Gärung anzusetzen?

1. Durch das Einfrieren geht kein Geschmack verloren.

2. Ja, es hat einen großen Nachteil: Der Großteil der Aromen einer Frucht befindet sich in der Schale bzw. der Haut. Nimmt man nur den Saft zum Anmaischen, wird es einen Geschmacksverlust geben. Genau aus diesem Grund ist es auch sinnvoll, die Maische unfiltriert mit Anbrennschutz zu destillieren, da auf diese Art und Weise alle Aromen erhalten bleiben

Rücklaufdestille

Eine Frage zur Rücklaufdestille. Durch das oftmalige Destillieren im Steigrohr wird natürlich ein höherer Alkoholgehalt erzielt (so wie bei einer Topfdestille mit Verstärkerglocken). Aber wie schaut es mit dem Geschmack aus? Ist der wirklich besser als eine einfach gebrannte Turbomaische?

Das Ergebnis der Rücklaufdistille ist ein sehr hochprozentiger und reiner Alkohol. Vom Prinzip her werden mehrere „normale" Destillationsvorgänge in einem Gerät (der Rektifikationskolonne) hintereinander durchgeführt. Sie haben somit keinen „doppelt Gebrannten", sondern fünf-, zehn- oder zwanzigfach destillierten Alkohol, je nach Höhe und Trennleistung der Kolonne. Durch diesen starken Trenneffekt wird aber auch das Aroma abgetrennt. Man sollte Rücklaufdestillationen (=Rektifikation oder *reflux* in Englisch) nur zur Trennung bzw. Säuberung von Flüssigkeitsgemischen verwenden. Beim Schnaps darf die Trennung mit Absicht nicht zu gut sein, da Sie sonst mit z.T. erheblichen Aromaverlusten rechnen müssen. Im Extremfall erhalten Sie einen komplett geschmacklosen Alkohol. Beste Methode: Hochgradige Maischen (mit mindestens 12 %vol, der hohe Alkoholgehalt verstärkt außerdem das Aroma der Maische, da das Extraktionsverhalten viel besser ist) herstellen und *einmal* mit einer „normalen" Destillationsapparatur überdestillieren. Durch den hohen Alkoholgehalt der Maische erhalten sie dann bereits 49 %vol oder mehr, je nach Alkoholgehalt in der Maische.

Aktivkohle

Ich habe einen Brand aus Zucker und Turbohefe von 87 %vol auf 50 %vol herabgesetzt und mit Aktivkohle versetzt. Ich hatte vor, diesen mit der beigefügten Kohle erneut zu destillieren, um einen ganz neutralen Geschmack zu erhalten. Jetzt hat mich aber ein Passus aus einem anderen Buch ziemlich irritiert. Die Autoren weisen darauf hin, dass es ein Fehler sei, den Branntwein länger als zwei Tage auf der Kohle zu belassen. Gleiches gilt auch für das Destillieren mit der Kohle, da die schädlichen Geschmackstoffe durch diese Behandlung wieder freigesetzt würden. Ich bitte um einen Rat aus Ihrer Praxis.

Diverse Literaturstellen weisen immer wieder darauf hin. Ich kann Ihnen aber auf Grund meines chemischen Wissens und meiner langen Erfahrung mit der Aktivkohle folgendes sagen: Je länger der Alkohol mit der Kohle in Berührung ist, umso besser ist die Abscheidung der Geruchssubstanzen. Sie müssen sich die Kohle ähnlich einem Schwamm vorstellen mit vielen kleinen Poren. Die Geschmacksstoffe werden von der Kohle aufgenommen (adsorbiert). Je länger diese mit der Flüssigkeit in Kontakt ist, umso mehr kann von der Kohle aufgenommen werden, da diese durch Diffusion in immer tiefere Gänge des „Schwammes“ vordringen. Diese Geschmacksstoffe werden von der Kohle durch die sog. Van-der-Waalsschen Kräfte gebunden. Diese lassen die Geschmacksstoffe nicht einfach nach zwei Tagen wieder los, es handelt sich hierbei um stärkere Kräfte. Ebenso verhält es sich beim Destillieren. Durch die Hitze bis max. 100 °C können die Geschmacksstoffe auch nicht von der Kohle getrennt werden.

Um die Stoffe von der Kohle zu trennen, ist ein sog. Ausheizvorgang bei einigen hundert Grad notwendig, sonst bekommt man sie nie wieder heraus. Das wäre theoretisch eine Möglichkeit, die Aktivkohle zumindest teilweise wieder zu reaktivieren: einfach ins Backrohr geben.

Dom, Säfte, Methyl, Temperaturkurven und Edelbrand

1. Ist für eine Anlage ein Dom unbedingt erforderlich und welche Funktion hat der Dom? Ich möchte die Maische im Wasserbad erhitzen.

2. Kann ich zum Einmaischen konzentrierte Säfte (Apfel, Birne, Kirsche) verwenden, oder müssen unbedingt zerkleinerte Früchte verwendet werden?

3. Wenn ich mit Freunden über das Thema Schnapsbrennen rede, werde ich immer nach dem giftigen Methylalkohol gefragt. Können keine gesundheitlichen Schäden auftreten? Wenn ich die Temperatur von 64,7 °C eine Zeit lang konstant halte, müsste der Methylalkohol doch eliminiert werden.

4. Muss beim Brennvorgang die Temperaturkurve durchfahren werden oder kann ich wie in Punkt 3 die Temperatur auch auf 78,5 °C konstant halten um den Edelbrand zu erhalten?

5. Wie oft muss ich den Edelbrand noch brennen, reicht einmal?

1. Nein, ein Dom ist nicht unbedingt erforderlich, dieser hat eher einen optischen Effekt. Auch ein gerader Deckel ist für eine Anlage geeignet. Warum wollen Sie ein Wasserbad verwenden? Der einzige Sinn des Wasserbades ist, dass dann nichts anbrennt. Wenn das Wasserbad nicht unter Druck stehen kann, können Sie niemals die Temperatur erreichen, die für das Destillieren bis zum Nachlauf notwendig wäre. Verwenden Sie doch einen Anbrennschutz, eine Art Metallsieb, das die festen Maischeteile nicht auf den Kesselboden lässt, nur die Flüssigkeit.

2. Sie können natürlich auch Säfte verwenden. Bedenken Sie jedoch, dass sehr viele Aromen in den Schalen der Früchte enthalten sind, dadurch wird die Maische aus Säften niemals so wie Maische aus Obst. Dennoch können Sie auch mit Säften sehr gute Produkte erzeugen.

3. Das giftige Methanol entsteht während der Vergärung. Arbeiten Sie sauber (keine Äste/Blätter/Stängel, kein faules Obst), nehmen Sie einen Gärspund und Reinzuchthefe, so wird nahezu kein Methanol entstehen. Nur durch Destillation ist Methanol leider nicht abtrennbar, daher unbedingt sauber arbeiten, dann kann nichts passieren.

4. Nein, Sie müssen immer die ganze Temperaturkurve durchfahren, man kann die Temperatur nicht konstant

halten, das ist beim Destillieren rein physikalisch gar nicht möglich. Heizen Sie zuerst bis ca. 70 °C Dampftemperatur kräftig auf, danach reduzieren Sie etwas die Heizleistung, damit nichts überkocht. Solange die Temperaturanzeige rasch ansteigt, handelt es sich um Vorlauf. Bleibt die Anzeige fast konstant und bewegt sich nur noch langsam, so handelt es sich um Edelbrand. Der Nachlauf beginnt immer bei 91 °C.

5. Wenn Ihr Brenngut einen Alkoholgehalt von mindestens 10 %vol hat, so genügt es, einmal zu brennen. Liegt die Konzentration darunter, müssen Sie zweimal brennen. Das Zweimalbrennen macht man nur, um einen Alkoholgehalt von mind. 45 %vol im Destillat zu erhalten, das ist der einzige Grund. Denn jeder Destillationsvorgang vermindert das Aroma.

Kapitel 12

Erntekalender

	Jan.	Feb.	Mär.	Apr.	Mai	Jun.	Jul.	Aug.	Sep.	Okt.	Nov.	Dez.
Apfel								■	■	■		
Birne								■	■	■		
Brombeere						■	■					
Enzian								■	■			
Erdbeere					■	■	■	■				
Fichtentriebe (Maiwipferln)					■	■						
Hagebutte									■	■	■	■
Himbeere						■	■					
Holunderbeere, schwarz								■	■			
Holunderblüte						■	■					
Johannisbeere, rot und schwarz (Ribisel)						■	■	■				
Kirsche					■	■						
Krieche (Haferschlehe, Zieberl, Ziparte)								■	■	■		
Marille							■					
Mispel										■	■	■
Pfirsich							■	■				
Pflaume								■	■	■		
Quitte									■	■		
Rhabarber												
Schlehdorn										■	■	■
Süßkartoffel							■	■	■			
Topinambur							■	■	■			
Vogelbeere									■	■		
Walnuss					■	■						
Weintraube								■	■	■		
Zirbe						■	■					
Zwetsche								■	■	■		

Epilog

Zumindest einmal monatlich veranstalten wir Schnapsbrennseminare, bei denen die Teilnehmer die wichtigsten Schritte des Einmaischens und Schnapsbrennens selbst aktiv nachvollziehen. Es werden sämtliche notwendigen Materialien und Messgeräte zur Verfügung gestellt. Im Rahmen des Seminares führt jeder Teilnehmer selbstständig folgende Tätigkeiten durch und destilliert selbst mit einer zur Verfügung gestellten Kleinbrennanlage:

- Bestimmung des Alkoholgehaltes in Maischen und Destillaten
- Destillieren verschiedener Maischen
- Herstellung verschiedener Geiste
- Destillieren eines Angesetzten
- Abtrennung Vor-, Mittel- und Nachlauf
- Verdünnen der jeweiligen Destillate
- Abfüllen und Etikettieren
- Degustation von Edelbränden

Jeder Teilnehmer kann Proben der im Seminar selbst hergestellten Destillate mit nach Hause nehmen. Bei erfolgreichem Abschluss wird ein Brennzertifikat verliehen.

Interessiert, aber keine Möglichkeit, daran teilzunehmen? Dann besuchen Sie doch unsere online-Seminarseite, www.distilling-fermenting-seminars.com. Auf unserer Webseite www.schnapsbrennen.at finden Sie die im Buch beschriebenen Gerätschaften, das notwendige Zubehör sowie Infos zu den Praxisseminaren.

▼ Schnapsbrennseminar bei Schmickl

Kontaktadresse:
Dr. Bettina Malle und Dr. Helge Schmickl
Ehrentalerstr. 39
9020 Klagenfurt am Wörthersee
ÖSTERREICH

Tel./Fax: 0043-(0)463-437786
E-mail: schmickl@schnapsbrennen.at
Homepage: www.schnapsbrennen.at

Stichwortverzeichnis